100 Rezepte

Italienisch Kochen in der Mikrowelle

100 Rezepte

Italienisch Kochen in der Mikrowelle

von
Jutta Born und Edgar Wessel

Unipart-Verlag · Stuttgart

Inhalt

Zeichenerklärung:

♦ Gesamtgarzeit
◇ Stehzeit
↔ Ober- und Unterhitze
● Grill
○ Heißluft

Innentitel:
Mediterraner Fischtopf (Rezept S. 41)

ISBN 3 8122 3121 2

Einführung

Mikrowelle für die „ars culinaria"

Wer sich heute ein wenig intensiver mit der großen Küche unserer südlichen Nachbarn befaßt, bemerkt sehr schnell, wieviel Tradition und Erfahrung dahintersteckt.

Wer nach dem Grundsatz: „Nudel ist gleich Nudel" verfährt, soll nach italienischem Küchenrecht dem Teufel verfallen, denn schließlich handelt es sich bei Pasta um ein göttliches Gericht...

Doch bleiben wir beim Genießen: Das italienische Mahl beginnt mit einem Apéritif zur Einstimmung, gefolgt von jenen kleinen appetitanregenden Köstlichkeiten, die als „Antipasti" bekannt sind. Der größte Hunger wird dann mit der bereits erwähnten göttlichen Pasta gestillt — ein Thema mit Variationen, denn zu den vielen Nudelformen und -arten gibt es fast genauso viele Saucen.

Auf die Pasta folgt dann ein Gericht, das mit unseren Hauptgerichten nichts gemein hat: Es sind wahre Gedichte aus Fisch, Fleisch, Geflügel oder Gemüse. Anschließend werden Salat und Süßspeisen serviert — und wer da sagt, man genießt und schweigt, der ist fehl in einer italienischen Tafelrunde. Denn das Gespräch gehört zum guten Essen wie der Wein oder hinterher der Espresso.

Doch was hat dies alles zu tun mit der neuen Küchenhilfe, genannt Mikrowelle? — Sie ist es, die eine wesentliche Erleichterung in den Küchenalltag bringt: Neben der enormen Zeitersparnis ist es vor allem auch die Schonung der Nahrungsmittel beim Garen, die ihren Einsatz nicht nur rechtfertigt, sondern geradezu fordert. Gegartes Gemüse behält seinen Biß, seine Farbe und seine Vitamine, die durch die geringe Wasserzugabe nicht ausgewaschen werden. Fisch aus der Mikrowelle z.B. ist eine Delikatesse, weil er durch die schonende Garung seinen typischen Eigengeschmack behält und Braten werden in kurzer Zeit gar und erhalten — wenn gewünscht — durch Zuschalten der Heißluft eine wunderbare Farbe und sogar eine Kruste.

Das Wichtigste bei alledem ist jedoch, auf die Zutaten zu achten: Wir konnten italienische Maßstäbe anlegen und haben sie angelegt. In Deutschland kann man das nicht immer und überall, weil manchmal die Quantität der Qualität den Rang abläuft.

Die Mikrowelle reagiert sehr empfindlich auf Qualitätsunterschiede, d. h. frische Gemüse brauchen z.B. eine wesentlich kürzere Garzeit als ältere. Nicht immer kann man jedoch eine frische Ware von einer vor Tagen geernteten unterscheiden. Unser Tip deshalb: Bleiben Sie mit den Garzeiten immer auf der knappen Seite. Mit der Mikrowelle ist es ja kein Problem, notfalls ein oder zwei Minuten nachzugaren.

Die Konsequenz aus unseren Erfahrungen mit der italienischen Küche ist jedenfalls: Die Mikrowelle ist die beste Küchenhilfe, die in den letzten Jahren zum Einsatz kam, und eine ideale Ergänzung zum Herd. Doch bevor Sie sich jetzt ans Werk machen, noch einige technische Informationen und Tips, die Sie beachten sollten.

Was sind Mikrowellen?

Mikrowellen sind elektromagnetische Wellen, die mit den Rundfunk- und Fernsehwellen oder dem Sonnenlicht eng verwandt sind. Sie übertragen drahtlos Energie. In den Haushaltsgeräten haben die Mikrowellen eine Frequenz von 2.450 Megahertz und eine Wellenlänge von ca. 12,3 cm. Sie durchdringen mühelos Papier, Holz, Glas oder Keramik, nur Metall ist ein absolutes Hindernis, weil es sie reflektiert.

Wie funktionieren Mikrowellen?

Im Mikrowellengerät werden die Wellen mit Hilfe eines Magnetrons aus elektrischer Energie erzeugt. Über Leiter und Reflektoren gelangen sie in den Garraum und werden dort gleichmäßig verteilt und — da Wände, Decke und Boden aus Metall sind, so lange reflektiert, bis sie auf Gargut treffen. Man sollte deshalb das Gerät nie ohne Gargut in Betrieb nehmen, weil dies unweigerlich eine Überhitzung zur Folge hätte, durch die das Gerät beschädigt werden könnte. Eine Glasplatte oder ein Drehteller, in geringem Abstand über dem Boden im Gerät angebracht, ermöglicht, daß die Wellen nicht nur von oben und von der Seite an das Gargut gelangen, sondern auch von unten.

Wie entsteht die Wärme?

Während bei der Wärmezufuhr auf dem „herkömmlichen" Herd die Wärme von der Herdplatte über den Topfboden an das Gargut gelangt, also über Energie verbrauchende „Zwischenlieferanten", gehen die Mikrowellen den direkten Weg durch die Gefäße hindurch in das Gargut: Sie erzeugen die Wärme direkt in den Speisen. Dies gelingt ihnen, weil sie deren Moleküle in rasende Schwingungen versetzen können, wodurch Reibungswärme entsteht, die sich schnell ausbreitet und so die Speise erhitzt und gart. Da die Wellen je nach Menge und Beschaffenheit der Speisen nicht überall gleichzeitig eindringen können, muß — wie beim normalen Elektroherd auch — umgerührt oder gewendet werden.

Vorteile der Mikrowelle

Da im Mikrowellenherd die Wärme direkt in der Speise erzeugt wird, kann weitestgehend auf die Zugabe von Wasser oder Fett verzichtet werden. Das verkürzt nicht nur die Garzeit, das Essen wird zudem bekömmlicher, Vitamine und Mineralstoffe — speziell bei Gemüsen wichtig — bleiben erhalten und werden nicht wie beim herkömmlichen Kochen durch Wasser ausgeschwemmt.

Scherben bringen Glück

Mikrowellengeschirr ist zerbrechlich, denn vorzugsweise wird es aus feuerfestem Glas, Porzellan oder Keramik hergestellt. Und natürlich ohne Metallverzierung: Platin-, Gold- und Silberdekore würden im Funkenzauber enden, es käme zu elektrischen Überschlägen. Auch Bleikristall übersteht den Aufenthalt im Mikrowellenherd nur selten.

Wer Zweifel hat, ob dieses oder jenes Geschirr mikrowellengeeignet ist, dem bleibt ein einfacher Test: Er stellt das fragliche Geschirr in das Gerät und schaltet es für 20 Sekunden auf höchster Stufe ein. Ist das Geschirr kalt oder lauwarm, ist es geeignet, ist es heiß, lieber nicht verwenden.

Weit verbreitet ist die Meinung, daß das Geschirr in der Mikrowelle nicht heiß würde, weil ja „nur" das Essen erhitzt wird. Trotzdem empfehlen sich die altgedienten Topflappen, weil die heißen Speisen ihre Hitze natürlich an die Gefäße, in denen sie bereitet werden, weitergeben.

Sicher ist sicher

Mikrowellengeräte lassen sich nur bei geschlossener Tür einschalten. Öffnet man die Tür bei eingeschaltetem Gerät, schaltet es

sich automatisch ab und kann erst wieder in Betrieb genommen werden, wenn die Tür zu ist. Mikrowellen können also bei sachgemäßer Benutzung nicht entweichen.

Energie sparen

Der Energieverbrauch der Mikrowellengeräte gegenüber herkömmlichen Kochstellen ist, unter Berücksichtigung der verringerten Garzeiten, bis zu 80 % niedriger.

Kruste aus der Mikrowelle?

So unbestritten die Leistungen der Mikrowellengeräte auch sind, die erste Generation hatte — wie bei allen technischen Neuentwicklungen — natürlich auch ihren Schönheitsfehler. Auftauen ging zwar in kürzester Zeit und aufgewärmte Speisen schmeckten wie frisch zubereitet, aber wo war die schöne braune Farbe vom Sonntagsbraten, von der Kruste gar nicht zu reden. Mit diesen Nachteilen machte die zweite Generation der Mikrowellengeräte Schluß. Sie wurde von der Industrie mit dem guten alten Backofen, mit Grill und mit Heißluft ausgestattet. Natürlich ist bei diesen „Kombi"- Geräten jeder Hersteller eigene Wege gegangen: Wo dem einen 600 Watt als Höchstleistung ausreichen, muß der andere 700 anbieten. Und schonend auftauen und garen kann man mit 70 oder auch 120 Watt. So kommt zum Kalorienzählen nun auch das Watt-Zählen.

Tips und Hinweise

In diesem Buch sind sowohl Gerichte für Mikrowelle solo als auch für Kombigeräte enthalten.

— Die angegebenen Zeiten sind Richtwerte, die bei Einhaltung der Mengen gute Ergebnisse bringen, und beziehen sich auf ein Mikrowellengerät mit 600 Watt Höchstleistung. Sollten Sie ein Gerät mit einer anderen Leistung verwenden, hier eine einfache Umrechnungsmethode: 10 Watt entsprechen etwa 6 Sekunden, d. h. 100 Watt einer Minute. Bei Mengenänderungen gilt als Faustregel: Doppelte Menge = doppelte Zeit, halbe Menge = halbe Zeit. Bemessen Sie die Garzeiten eher knapper, um ein Übergaren zu vermeiden. Lieber nachgaren.

— Wenn Sie eine Wattzahl auf Ihrem Gerät nicht einstellen können, dann nehmen Sie die nächst höhere und verkürzen entsprechend die Zeit.

— Tauen sie Tiefkühlgut immer mit der kleinsten Stufe auf, nämlich schonend und gleichmäßig.

— Fertiggerichte werden oft in Aluminiumverpackungen angeboten. Sind die Ränder nicht höher als 2 cm, so können sie zum Auftauen oder kurzzeitigen Erhitzen benutzt werden.

— Beim Erhitzen von Flüssigkeiten, besonders in hohen Gefäßen, einen Teelöffel hineinstellen, um heftiges Überkochen zu vermeiden.

— Zum Erwärmen werden Speisen (außer sie sind paniert oder haben eine Kruste) grundsätzlich mit Folie abgedeckt, damit sie nicht austrocknen. Stechen Sie die Abdeckfolie mehrmals ein, damit der entstehende Überdruck entweichen kann.

— Gute Garergebnisse hängen nicht nur von der Beschaffenheit der Speisen, sondern auch von ihrer Größe ab. Versuchen Sie also, alles in etwa gleich großen Stücken zu garen.

— Wenden Sie die Speisen beim Garen oder rühren Sie um. So erreichen Sie gleichmäßiges Garen. Nach dem Schließen der Gerätetür bitte nicht vergessen, die Starttaste zu drücken, das Gerät hat sich beim Öffnen automatisch abgeschaltet.

— Wenn Sie während eines Garvorganges Wasser nachgießen müssen, verwenden Sie warmes oder heißes, um den Garvorgang nicht zu unterbrechen.

— Fassen Sie nie mit bloßen Händen zu: Die heißen Speisen leiten ihre Hitze an die Gefäße, in denen sie zubereitet werden, weiter.

— Beachten Sie auf jeden Fall die Hinweise und Gebrauchsanleitungen des Herstellers Ihres Mikrowellengerätes.

Suppen und Vorspeisen

Genueser Muschelsuppe

Für 4 Portionen ♦ 15 Min. ◇ keine

250 g Muschelfleisch
100 g Lauch in feinen Streifen
1 rote Paprikaschote in feinen Streifen
1 grüne Paprikaschote in feinen Streifen
1 kleine Dose geschälte Tomaten
1 Zwiebel in feinen Streifen, 1 Lorbeerblatt
1 zerdrückte Knoblauchzehe
1 Glas Weißwein
0,25 l Fischbrühe, Saft von 1 Zitrone
Zucker, 1 TL Oregano, Cayennepfeffer
frisch gemahlenen schwarzen Pfeffer, Salz
3 EL Petersilie
3 EL geriebenen Parmesan

Die Knoblauchzehe mit der Zwiebel, dem Lauch, den Paprikaschoten und dem Lorbeerblatt in eine Schüssel mit dem Weißwein geben und bei 600 Watt 9 Minuten garen.

Die Fischbrühe mit den durch ein Sieb passierten Tomaten und dem Muschelfleisch verrühren und mit mit Zucker, Oregano, Cayennepfeffer, schwarzem Pfeffer, Salz und Zitronensaft abschmecken. Das Ganze nochmals 6 Minuten bei 600 Watt erhitzen und zum Servieren mit Petersilie und Parmesan bestreuen. (Abb. linke Seite)

Florentiner Tomatensuppe

Für 4 Portionen ♦ 25 Min. ◇ keine

800 g geschälte Tomaten (Dose)
150 g Kalbfleisch in feinen Würfeln
100 g klein geschnittenen Spinat
1 EL Margarine
1 Zwiebel in feinen Würfeln
1 Knoblauchzehe fein geschnitten
0,125 l Weißwein (trocken)
4 EL Crème double, 2 EL Tomatenmark
1/2 TL Oregano, 1/2 TL Basilikum, Zucker
frisch geriebenen schwarzen Pfeffer, Salz

Ein Bräunungsgeschirr bei 600 Watt 6 Minuten vorheizen. Das Kalbfleisch hineingeben und mit der Margarine 6 Minuten zugedeckt anbraten.

Den Knoblauch, die Zwiebel, den Spinat und das Tomatenmark unterrühren und den Wein dazugießen. Bei 360 Watt weitere 7 Minuten garen.

Die Tomaten mit der Flüssigkeit hineinrühren und etwas zerdrücken, den Oregano und das Basilikum dazugeben, mit Zucker, Pfeffer und Salz nach Geschmack abschmecken und bei 600 Watt in 12 Minuten fertiggaren. Vor dem Servieren nochmals mit den Gewürzen abschmecken und die Crème double unterziehen.

Genueser Muschelsuppe

Spinatkrapfen

Für 2 Portionen ♦ 15 Min. ◇ keine

125 g Weizenmehl
50 g gehackten gekochten Schinken
2 Eier, 1 Eiweiß
100 g tiefgekühlten Spinat
3 EL Semmelbrösel
20 g Butter, 2 EL geriebenen Käse
Salz, Muskat

Aus dem Mehl, 1 Ei und etwas Salz einen glatten Teig machen und 30 Minuten zugedeckt ruhen lassen. Den Teig messerrückendick ausrollen und runde Plätzchen von 8 cm Durchmesser ausstechen. Für die Füllung den aufgetauten Spinat mit 1 Ei, dem Schinken, den Semmelbröseln, Salz und Muskat verrühren und abschmecken. Die Füllung in die Mitte der Plätzchen verteilen und den Rand ringsherum mit Eiweiß bestreichen. Zusammenklappen und andrükken. 0,75 l Salzwasser in 7 Minuten bei 600 Watt zum Kochen bringen, dann die Krapfen hineingeben und 6 1/2 Minuten kochen.

Anschließend in 1 1/2 Minuten bei 360 Watt fertig garen. In ein Sieb abgießen, anrichten, mit Butter beträufeln, mit Käse bestreuen und mit Tomatensauce servieren.

Florentiner Eier mit Spinat

Für 4 Portionen ♦ 13 Min. ◇ keine

1 Paket tiefgekühlten Rahmspinat
4 Eier, 20 g Butter
50 g geriebenen Parmesan
Für die Sauce:
0,25 l Milch, 0,25 l Wasser
30 g Butter, 30 g Mehl
frisch geriebenen weißen Pfeffer, Salz

Den Spinat auftauen lassen. Für die Sauce die Butter bei 180 Watt in 1/2 Minute zum Schmelzen bringen, mit dem Mehl verrühren und weitere 2 Minuten erhitzen.

Mit dem Schneebesen die Milch und das Wasser unterschlagen, bei 600 Watt in 4 Minuten zum Kochen bringen und bei 180 Watt 2 Minuten weitergaren.

Die Sauce mit der einen Hälfte des Parmesans verrühren, die andere über den Spinat geben, die Eier aufschlagen, darauf geben und die Dotter vorsichtig einstechen. Die Sauce mit der restlichen Butter verrühren, abschmecken und über die Eier verteilen. Das Ganze bei 360 Watt zugedeckt 4 Minuten garen und servieren.

Spargel mit Buttersauce

Für 4 Portionen ♦ 24 Min. ◇ keine

500 g Spargel
0,1 l heißes Wasser
3 EL Weißwein (trocken)
Butter, Zucker, Salz
Petersilie
Für die Sauce:
75 ml Weißwein (trocken)
2 EL Zitronensaft
50 g Butter, 1 EL Zucker
1 EL Speisestärke, Salz

Für die Sauce die Butter in einer Schüssel bei 600 Watt in 1 1/2 Minuten zerlassen. Die übrigen Zutaten dazugeben, gut vermischen und 3 Minuten garen.

Den Spargel schälen und waschen. Das Wasser mit dem Weißwein, 2 EL Butter, 1 Prise Zucker und 1 TL Salz in einer länglichen Form gründlich vermischen. Den Spargel hineinlegen, zudecken und bei 600 Watt 10 Minuten dünsten. Den Spargel wenden, anders anordnen, mit Butterflöckchen besetzen und weitere 7 Minuten bei 360 Watt garen.

Die Buttersauce bei 600 Watt 2 Minuten erhitzen. Zum Servieren den Spargel mit der Sauce begießen und mit Petersilie garnieren.

Diese Vorspeise ist auch gut geeignet als Beilage zu kurz gebratenem Fleisch.
(Abbildung rechts)

Spargel mit Buttersauce

Eingelegte Artischocken

Für 4 Portionen ♦ 6 Min. ◇ keine

800 g Artischockenherzen
4 EL Weißwein (trocken), 4 EL Weißweinessig
1 EL Zitronensaft, 0,15 l Olivenöl
2 gehackte Frühlingszwiebeln
2 gehackte Knoblauchzehen
1/2 TL gehacktes Basilikum
1/2 TL Majoran, 1/2 TL gehackte Petersilie
1/2 TL Schnittlauchröllchen
Pfefferkörner, Zucker
frisch gemahlenen weißen Pfeffer, Salz

Die Artischockenherzen in einer Schüssel bei 600 Watt 4 Minuten dünsten.

Die restlichen Zutaten verrühren und ebenfalls bei 600 Watt 1 1/2 Minuten erhitzen. Die Artischocken mit der Marinade übergießen und 6 Stunden kalt stellen.

Schinken-Mousse

Für 4 Portionen ♦ 7 Min. ◇ keine

200 g mageren gekochten Schinken
30 g geriebenen Parmesan
0,125 l Sahne, 1 TL Mehl
1/2 TL Paprika edelsüß, 1 Schuß Sherry
2 Eigelb, 2 steif geschlagene Eiweiß
Butter für die Förmchen

Den gekochten Schinken zweimal durch den Fleischwolf drehen. Das Mehl in der Sahne gut verrühren und bei 600 Watt 3 Minuten erhitzen. Einmal umrühren.

Den Schinken und die Eigelb unterrühren, Sherry dazugeben und Eischnee unterheben. Die Schinkenmasse in vier mit Butter gefettete Förmchen geben, mit Parmesan und etwas Paprika bestreuen und bei 600 Watt 3 1/2 Minuten garen.

Artischocken mit Zitronenscheiben

Für 4 Portionen ♦ 19 Min. ◇ 4 Min.

4 Artischocken
Zitronensaft
4 dünne Scheiben einer ungespritzten Zitrone in Vierteln
200 g gesalzene Butter

Die unteren Blätter der Artischocke entfernen, die Außenblätter stutzen und den Stiel so abschneiden, daß die Artischocke aufrecht steht. Die Spitze des Kopfs um 2 1/2 cm kürzen. Die Artischocken waschen und abtropfen lassen und rundum mit Zitronensaft bestreichen. Die Zitronenscheiben in Viertel schneiden und mit der Schale nach oben zwischen die äußeren Artischockenblätter stecken. Die Artischocken mit 4 EL Wasser in einer zugedeckten Schüssel 16 Minuten bei 600 Watt garen. Die Schüssel einmal um 180° drehen. Anschließend 4 Minuten stehen lassen.

Die Butter in einer Schüssel in 2 1/2 Minuten bei 600 Watt zerlassen, die Artischokken damit füllen und servieren.

Muscheln mit Champignons

Für 2 Portionen ♦ 8 Min. ◇ keine

200 g Muscheln (Dose)
100 g Champignons in Hälften
50 g geriebenen Fontina
0,125 l Milch, 5 EL Sahne
1/2 EL Speisestärke, 1 TL Speisewürze
1 EL gehackte Kräuter

Die Champignons in einer Schüssel bei 600 Watt 2 Minuten andünsten.

Die Speisestärke in der Milch und der Sahne anrühren, mit Speisewürze nach Geschmack abschmecken, zu den Champignons geben und weitere 2 1/2 Minuten garen. Zwischendurch einmal umrühren.

Die Muscheln und die Kräuter dazugeben, umrühren und mit dem Käse bestreut 3 Minuten bei 600 Watt garen.

Eier-Tomaten-Cocktail

Für 2 Portionen ♦ 5 Min. ◇ keine

2 Scheiben durchwachsenen Speck
in 1 cm breiten Streifen
1 Kopf grünen Salat, 2 Tomaten in Würfeln
2 hart gekochte Eier in Würfeln
1/2 TL gehackte Petersilie
1/2 TL geriebenen Parmesan

Für die Sauce:

6 EL Olivenöl, 2 EL Balsamico
2 EL Weißwein (trocken)
1/4 TL mittelscharfen Senf
frisch geriebenen schwarzen Pfeffer, Salz

Für die Croûtons:

100 g Weiß- oder Graubrot, ohne Rinde,
klein gewürfelt
15 g Butter, Knoblauchsalz
1 TL gehackte Petersilie

Die Butter in einer flachen Schale bei 600 Watt in 1/2 Minute zerlassen und mit der Petersilie und 1 Prise Knoblauchsalz vermischen. Die Brotwürfel in der Butter wälzen, gleichmäßig verteilen und 2 Minuten bei 600 Watt erhitzen. Zweimal umdrehen.

Den Speck in einer Schüssel bei 600 Watt 2 1/2 Minuten anbraten.

Auf zwei Tellern einige Salatblätter zu Kelchen formen und den restlichen Salat in Streifen geschnitten darauflegen. Die Tomaten, Eier, Croûtons und den Speck vermischen und darübergeben. Aus dem Öl, dem Essig, dem Wein, dem Senf, Pfeffer und Salz eine Sauce rühren, über den Salat geben und mit Parmesan und Petersilie bestreut servieren.

Folgende Doppelseite: Zucchinirahmsuppe

Italienische Gemüsesuppe

Für 6 Portionen ♦ 35 Min. ◇ keine

2 Stangen Staudensellerie in dünnen Scheiben
2 Zucchini in Scheiben
2 Möhren in dünnen Scheiben
1 große Kartoffel in Würfeln
400 g Tomaten in Würfeln
200 g grüne Bohnen in Stücken
25 g Spaghetti, klein gebrochen
2 Knoblauchzehen, fein gehackt
1 Gemüsebrühwürfel, 1 TL Basilikum
1 EL gehackte Petersilie

Alle Zutaten in einer Schüssel mit 0,85 l heißem Wasser mischen und zugedeckt bei 600 Watt 35 Minuten kochen, bis das Gemüse weich ist. Ein oder zweimal umrühren.

Zucchinirahmsuppe

Für 4 Portionen ♦ 16 Min. ◇ keine

500 g Zucchini in Scheiben
100 g gekochten Schinken in feinen Würfeln
4 Frühlingszwiebeln in feinen Würfeln
1 zerdrückte Knoblauchzehe
2 EL Butter
1 Glas Weißwein, Saft von 1/2 Zitrone
0,375 l Gemüsebrühe
0,2 l Sahne, 2 EL Speisestärke
1 TL Oregano, 1 TL Basilikum
frisch geriebene Muskatnuß
Zucker, Cayennepfeffer
frisch gemahlenen weißen Pfeffer, Salz
1 Bund Dill fein geschnitten

Die Zucchini in einer Schüssel mit dem Zitronensaft beträufeln und mit der Butter, dem Schinken, den Zwiebeln und dem Weißwein vermischen. Die Knoblauchzehe zusammen mit dem Oregano und dem Basilikum dazugeben und bei 600 Watt 8 Minuten garen. Die Gemüsebrühe dazugießen und weitere 8 Minuten kochen.

Die Sahne mit der Speisestärke verrühren und in die Suppe gießen. Mit je 1 Prise Zukker, Muskat, Cayennepfeffer, weißem Pfeffer, Salz und Dill abschmecken und bei 600 Watt nochmals kurz aufkochen.

Thunfisch-Ragout

Für 4 Portionen ♦ 8 Min. ◇ keine

400 g Champignoncremesuppe
250 g Champignons (Dose)
200 g abgetropften Thunfisch (Dose)
50 g Oliven in Scheiben
50 g geriebenen Fontina
0,125 l Milch, 2 EL gehackte Zwiebeln, Salz
Petersilie und Dill zum Bestreuen

Alle Zutaten in einer Schüssel verrühren und bei 600 Watt 8 Minuten erhitzen. Zwischendurch ein- oder zweimal umrühren. Zum Servieren mit Petersilie und Dill bestreuen und Reis dazu reichen.

Artischockenherzen-Gratin

Für 4 Portionen ♦ 12 Min. ◇ keine ●

500 g Artischockenherzen
2 Eier, 0,2 l Sahne
1 TL Speisestärke, 1/2 TL Salz
2 EL geriebenen Fontina
2 EL geriebenen Parmesan

Die Herzen in eine Form geben. Die Sahne mit den übrigen Zutaten gut verquirlen und darübergießen. Die Form auf den Rost in der 2. Schiene stellen und bei 180 Watt und 3. Grillstufe 12 Minuten überbacken.

Tip: Frisches Gemüse nur kurz in kaltem Wasser waschen, sofort zerteilen und weiterverarbeiten. Werden wie bei Gemüsesuppen mehrere Sorten verarbeitet, ist es für eine gleichmäßige Garung wichtig, daß alle Stücke ungefähr die gleiche Größe haben.

Minestrone mit Pesto

Für 4 Portionen ♦ 30 Min. ◇ keine ○

200 g gehäutete Tomaten in Würfeln
200 g Wirsing in Streifen
3 Kartoffeln in Würfeln
2 große Möhren in Scheiben
2 Stangen Lauch in Ringen
1 Zucchini in Scheiben
1 Fenchelknolle in Streifen
1 Gemüsezwiebel in Ringen
1/2 Sellerieknolle in Würfeln
1 1/2 l Gemüsebrühe
1 EL Tomatenmark, 2 EL Olivenöl
frisch gemahlenen weißen Pfeffer, Salz

Wirsing, Kartoffeln, Möhren, Lauch, Zucchini, Fenchel, Zwiebel und Sellerie in einer Schüssel mit dem Tomatenmark verrühren. Die gewürfelten Tomaten ebenfalls hinzufügen. Das Ganze mit der Brühe aufgießen und das Öl dazugeben. Mit Salz und Pfeffer abschmecken und bei 360 Watt Mikrowelle und 170° C Heißluft zugedeckt 25 bis 30 Minuten garen.

Pesto

15 Basilikumblätter
3 Knoblauchzehen, geschält
5 EL Olivenöl, 2 EL Pinienkerne
1 EL geriebener Parmesan

Die Knoblauchzehen zusammen mit den Pinienkernen und den Basilikumblättern pürieren. Den Käse und das Olivenöl unter die Masse rühren. Pesto wird getrennt zur Suppe serviert.

Muscheln in Kräuterbutter

Für 2 Portionen ♦ 2 Min. ◇ keine

200 g Muschelfleisch
20 g Kräuterbutter
2 getoastete Weißbrotscheiben

Die Muscheln abtropfen lassen, auf zwei Teller verteilen und die Kräuterbutter darübergeben. Bei 600 Watt 1 1/2 Minuten erhitzen und mit dem Weißbrot servieren.

Römische Grießschnitten

Für 4 Portionen ♦ 33 Min. ◊ keine ●

70 g Grieß

0,5 l Milch, 1/2 TL Salz

2 EL Butter, 1 Eigelb

2 EL geriebenen Parmesan

80 g geriebenen Fontina

Butter für die Formen

Die Milch in einer Schüssel bei 600 Watt in 6 Minuten zum Kochen bringen.

Grieß und Salz einrühren, 1 Minute garen und bei 90 Watt 14 Minuten ziehen lassen. In den heißen Brei Butter, Eigelb und Parmesan einrühren. Die Masse 1 cm dick auf ein nasses Holzbrett streichen. 20 runde Plätzchen ausstechen, in 4 kleine, gefettete Auflaufförmchen schichten, mit dem Emmentaler bestreuen und die Förmchen auf eine Glaspfanne auf den Rost in die 2. Schiene der Mikrowelle setzen. Bei 180 Watt und 3. Grillstufe 12 Minuten backen.

Champignoncremesuppe

Für 6 Portionen ♦ 23 Min. ◊ 1 Min.

400 g kleingeschnittene Champignons

1 fein gehackte Zwiebel, 40 g Butter

1 EL Mehl, 1 l Hühnerbrühe

0,15 l Weißwein (trocken), 0,15 l Sahne

1/2 TL gemahlenen Koriander

Pfeffer, Salz, Petersilie

Die Zwiebel in der Butter in einer geschlossenen Schüssel bei 600 Watt in 4 1/2 Minuten weich dünsten.

Koriander und Champignons hineinrühren und weitere 8 Minuten garen.

Pürieren, mit dem Mehl gut vermischen und die Brühe dazugießen. Die Suppe bei 600 Watt in 7 Minuten zum Kochen bringen. Zwischendurch mehrmals umrühren. Anschließend den Wein dazugießen und nochmals 3 Minuten erhitzen.

Die Hälfte der Sahne dazugeben, pfeffern und salzen, gut umrühren. 1 Minute stehen lassen. Mit der restlichen Sahne und der gehackten Petersilie garnieren.

Hackfleischsuppe

Für 4 Portionen ♦ 50 Min. ◊ keine ○

250 g gemischtes Hackfleisch

50 g durchwachsenen Speck in feinen Würfeln

1 rote Paprikaschote in kleinen Würfeln

1 grüne Paprikaschote in kleinen Würfeln

1 Stück Bleichsellerie in dünnen Scheiben

1 Zwiebel in feinen Würfeln

3 zerdrückte Knoblauchzehen

0,75 l Fleischbrühe, 0,125 l Rotwein (trocken)

0,125 l Sahne, 3 EL Olivenöl

2 EL Tomatenmark

1 TL Thymian, 1 TL Rosmarin, Salz

1/2 TL frisch gemahlenen weißen Pfeffer

80 g geriebenen Parmesan, 1 Bund Petersilie

Die Zwiebel und den Speck mit dem Olivenöl in einer Schüssel bei 600 Watt 4 Minuten andünsten.

Das Hackfleisch dazugeben, mit einem Holzlöffel lockern und weitere 8 Minuten bei 600 Watt garen.

Die Paprikaschoten hinzufügen und wieder 6 Minuten bei 600 Watt garen. Zwischendurch einige Male umrühren. Pfeffern, salzen und abkühlen lassen.

Die Knoblauchzehen zusammen mit dem Sellerie zum Hackfleisch geben und 2 Minuten mitgaren.

Das Tomatenmark unterrühren, mit Rotwein und Fleischbrühe aufgießen und mit Thymian, Rosmarin, Pfeffer und Salz würzen. Bei 360 Watt und 170° C Heißluft 25 bis 30 Minuten kochen. Zum Servieren die Sahne unterziehen, mit Petersilie garnieren und geriebenen Parmesan dazu reichen.

Reis- und Nudelgerichte

Fettuccine mit Toskanischer Sauce

Für 4 Portionen ♦ 7 Min. ◊ keine

500 g Fettuccine
4 EL Olivenöl, 2 TL Salz
Für die Sauce:
1/2 rote Paprikaschote in sehr feinen Würfeln
1/2 grüne Paprikaschote in sehr feinen Würfeln
2 enthäutete und entkernte Tomaten
1 EL Tomatenmark, 1 EL Olivenöl
0,125 l Rotwein (trocken), 4 EL Sahne
schwarze Oliven, Basilikumblättchen
Zucker, Oregano
frisch gemahlenen weißen Pfeffer, Salz

Die Fettuccine in einem Topf mit 4 l Wasser, dem Olivenöl und dem Salz auf dem normalen Herd "al dente" kochen.

Die Paprikawürfel in einer Schüssel mit dem Olivenöl bei 600 Watt 3 Minuten andünsten.

Die Tomaten durch ein Sieb passieren und mit dem Tomatenmark zu den Paprikawürfeln geben. Den Rotwein angießen, die Sauce mit einigen Basilikumblättchen, 1 Prise Zucker, Oregano, Pfeffer und Salz abschmecken und bei 600 Watt 4 Minuten erhitzen.

Die Sahne unterziehen, die Fettuccine anrichten, mit der Sauce begießen und mit den halbierten und entkernten Oliven garnieren.

Fettucine mit Toskanischer Sauce

Italienischer Nudeltopf

Für 4 Portionen ♦ 23 Min. ◊ keine

200 g "al dente" gekochte Farfalle
100 g gekochten Schinken
100 g Broccoli in Röschen
100 g Zucchini in Würfeln
100 g Möhren in feinen Würfeln
100 g Lauch in Streifen
4 enthäutete Tomaten in Würfeln ohne Kerne
1 Zwiebel in feinen Würfeln
2 EL Tomatenmark
0,75 l Gemüsebrühe, 1 Glas Weißwein
1 TL Oregano, 1 TL Basilikum
4 EL geriebenen Parmesan
Zucker, Cayennepfeffer, Salz
frisch gemahlenen schwarzen Pfeffer

Broccoli, Zucchini, Möhren, Lauch und Zwiebeln mit dem Weißwein, dem Oregano und dem Basilikum in einer Schüssel bei 600 Watt 9 Minuten garen.

Das Tomatenmark, die Tomaten, den Schinken und die Gemüsebrühe dazugeben, gut umrühren und das Ganze bei 600 Watt 7 Minuten erhitzen.

Die Nudeln unterheben, mit je 1 Prise Zucker, Cayennepfeffer, schwarzem Pfeffer und Salz abschmecken und weitere 7 Minuten erhitzen. Vor dem Servieren nochmals abschmecken und den Parmesan unterrühren.

Gemüse-Lasagne mit Béchamelsauce

Für 4 Portionen ♦ 40 Min. ◇ keine ○

600 g "al dente" gekochte Lasagneblätter
500 g gemischtes Hackfleisch
200 g Mozzarella in Scheiben
200 g Champignons
100 g Möhren in Würfeln
100 g Sellerie in Würfeln
100 g Lauch in Ringen
1 große Dose geschälte Tomaten
1 Glas Rotwein, 2 EL Olivenöl, Zitronensaft
1 Zwiebel in feinen Würfeln
2 zerdrückte Knoblauchzehen
1 TL Oregano, 1 TL Basilikum
Cayennepfeffer
frisch gemahlenen schwarzen Pfeffer, Salz
3 EL gehackte Petersilie
Butter für die Form

Für die Sauce:

2 EL Butter, 2 EL Mehl
0,375 l Hühnerbrühe, 7 EL Kondensmilch
Zwiebelsalz, Salz
frisch gemahlenen weißen Pfeffer

Für die Sauce die Butter in einer Schüssel bei 600 Watt 1/2 Minute erwärmen. Das Mehl einrühren, die restlichen Zutaten zugeben und weitere 3 Minuten erhitzen. Zwischendurch zweimal umrühren.

Ein Bräunungsgeschirr bei 600 Watt 5 Minuten vorheizen.

Die Knoblauchzehen mit der Zwiebel, dem Hackfleisch und dem Olivenöl in das heiße Bräunungsgeschirr geben und bei 600 Watt 9 Minuten garen.

Möhren, Sellerie und Lauch zum Hackfleisch geben, unterrühren und bei 600 Watt 7 Minuten garen.

Die gut geputzten und gewaschenen Champignons in Scheiben schneiden, mit Zitronensaft beträufeln und zusammen mit Basilikum und Oregano mit dem Hackfleisch vermischen. Nach Geschmack mit Cayennepfeffer, schwarzem Pfeffer und Salz nachwürzen, mit dem Rotwein verrühren und bei 600 Watt 7 Minuten garen.

Die Tomaten dazugeben und zerdrücken. Die Lasagneblätter in eine mit Butter gefettete Lasagneform auslegen, einen Teil der Hackfleischsauce darübergeben, darauf wieder Lasagneblätter legen und wieder Hackfleischsauce geben, bis alles aufgebraucht ist. Mit einer Schicht von Lasagneblättern aufhören, die Béchamelsauce darübergießen und den Mozzarella darauflegen. Bei 360 Watt und 250° C Heißluft 8 Minuten backen. Zum Servieren anrichten und mit Petersilie bestreuen.
(Abbildung rechte Seite)

Mailänder Nudelauflauf

Für 4 Portionen ♦ 40 Min. ◇ 5 Min. ○

250 g "al dente" gekochte Rigatoni
300 g Broccoli in kleinen Röschen
200 g Fleischwurst in Würfeln
200 g Tomaten in Scheiben
70 g geriebenen Emmentaler
50 g geriebenen Parmesan
0,1 l Milch, 6 EL Sahne, 3 EL Butter
2 Eier, 2 fein gehackte Zwiebeln
2 fein gehackte Knoblauchzehen
frisch geriebene Muskatnuß
frisch gemahlenen weißen Pfeffer, Salz

Die Butter mit den Zwiebeln und dem Knoblauch in einer Schüssel bei 600 Watt 3 Minuten andünsten.

Den Broccoli dazugeben, mit der Sahne beträufeln und bei 600 Watt zugedeckt 7 Minuten andünsten.

Die Nudeln dazugeben und mit Muskat, Pfeffer und Salz gut würzen. Die Fleischwurst hinzufügen, umrühren, das Ganze mit den Tomatenscheiben belegen und diese mit der mit den Eiern verquirlten Milch übergießen. Den Parmesan mit dem Emmentaler vermengen und über die Tomaten verteilen. Bei 360 Watt und 200° C Heißluft 25 bis 30 Minuten backen. Anschließend 5 Minuten im Gerät stehen lassen.

Gemüse-Lasagne mit Béchamelsauce

Käse-Cannelloni

Für 2 Portionen ♦ 31 Min. ◊ 8 Min.

4 Cannelloni
1 EL Olivenöl, 1/2 TL Salz
Für die Füllung:
100 g körnigen Frischkäse
50 g geraspelten Mozzarella
1 leicht verschlagenes Ei
3 EL geriebenen Parmesan
1/2 TL gehacktes Basilikum
Pfeffer, Salz
Für die Sauce:
0,175 l Tomatensaft, 3 EL Crème fraîche
2 EL Rotwein (trocken), 2 EL Olivenöl
2 TL Speisestärke
1/2 TL Basilikum, Pfeffer, Salz
Petersilie zum Garnieren

Die Cannelloni in 0,8 l Wasser mit 1/2 TL Salz und 1 EL Öl bei 600 Watt 14 Minuten kochen. Zwischendurch einmal umdrehen. 5 Minuten zugedeckt stehen lassen. Abgießen, spülen und wieder abgießen. Zum Trocknen auf ein Haushaltspapier legen.

Für die Füllung alle angegebenen Zutaten gut vermischen. Die Cannelloni damit füllen und in eine flache Schüssel legen.

In einer Schüssel den Tomatensaft mit der Speisestärke verquirlen. Unter ständigem Rühren Crème fraîche und Öl zugeben und mit Basilikum, Salz und Pfeffer abschmekken. Bei 600 Watt in 4 Minuten eindicken und zwischendurch mehrmals umrühren.

Den Wein dazugeben und die Sauce über die Cannelloni gießen. Nochmals bei 360 Watt 13 Minuten erhitzen. 3 Minuten stehen lassen. Mit Petersilie garniert servieren.

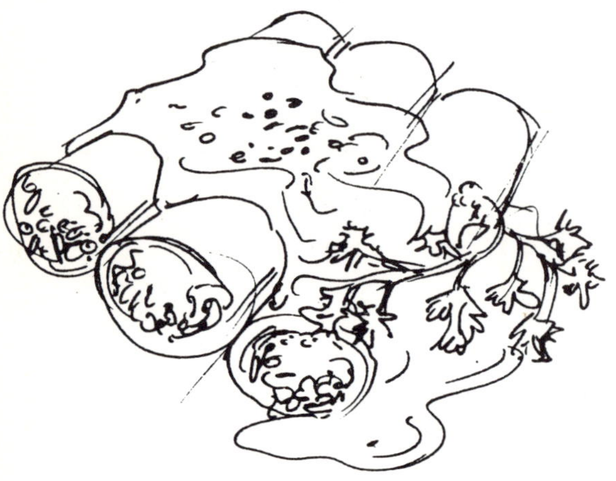

Gratinierte Nudeln

Für 4 Portionen ♦ 27 Min. ◊ keine ●

250 g Rigatoni
1 TL Olivenöl
250 g gekochten Schinken in Würfeln
200 g Lauch in Ringen
100 g geriebenen Fontina
0,1 l Sahne, 4 Eier
frisch geriebene Muskatnuß, Salz
frisch gemahlenen weißen Pfeffer
Butter für die Form

Auf dem normalen Herd einen Topf mit 2 1/2 l Wasser zum Kochen bringen und die Rigatoni mit dem Öl und 1 TL Salz darin in 8 bis 12 Minuten "al dente" kochen. Nach 3 bis 7 Minuten den Lauch zugeben und mitkochen. Das Ganze abgießen, kalt abbrausen und abtropfen lassen.

Die Nudel-Lauch-Masse mit dem Schinken in eine mit Butter gefettete Form geben. Die mit der Sahne verquirlten Eier mit Muskat, Pfeffer und Salz abschmecken, über den Auflauf gießen, mit dem Käse bestreuen und bei 600 Watt und 2. Grillstufe in der 2. Schiene der Mikrowelle 17 Minuten garen.

Lasagne Capri

Für 2 Portionen ♦ 20 Min. ◊ keine

10 "al dente" gekochte Lasagneblätter
500 g gemischtes Hackfleisch
2 Zwiebeln in Würfeln
2 gepreßte Knoblauchzehen
1/2 TL Salbei, 1 EL gehackte Petersilie
Oregano, Thymian, Salz
frisch gemahlenen schwarzen Pfeffer
Butter für die Form
Für die Sauce:
1 kleine Dose geschälte Tomaten
2 EL Crème fraîche, 0,25 l Milch
100 g geriebenen Fontina
1 EL gehackte Kräuter

Lasagneblätter in eine mit Butter gefettete Lasagneform auslegen, aus dem Hackfleisch, dem Knoblauch, den Zwiebeln, dem Salbei, je 1 Prise Oregano, Thymian, Pfeffer und Salz und der Petersilie eine geschmeidige Masse machen und einen Teil davon auf die Lasagneblätter streichen. Darauf wieder Lasagneblätter und wieder Hackfleisch geben, bis alles aufgebraucht ist. Mit einer Schicht von Lasagneblättern aufhören.

Für die Sauce die Milch mit der Crème fraîche, den Tomaten, dem Fontina und den Kräutern in einer Schüssel verrühren und bei 600 Watt in 3 Minuten aufkochen. Gut durchrühren, die Lasagne damit übergießen und bei 600 Watt 17 Minuten garen.

Risotto alla Napoletana

Für 2 Portionen ♦ 27 Min. ◇ keine

75 g Rundkornreis
50 g Krabben
50 g Muschelfleisch (Dose)
80 g Staudensellerie in feinen Streifen
2 enthäutete Tomaten in feinen Würfeln
1 Stange Lauch in dünnen Ringen
1 Zwiebel in feinen Würfeln
1 fein gehackte Knoblauchzehe
2 EL Butter, 0,25 l Gemüsebrühe
2 EL Crème fraîche
1 TL gehackte Kräuter
Zitronensaft, Oregano, Basilikum
frisch gemahlenen weißen Pfeffer, Salz
2 EL Petersilie
2 EL geriebenen Parmesan

Den Knoblauch mit dem Reis, der Staudensellerie, den Tomaten, dem Lauch, der Zwiebel, der Butter und 1 TL Salz in der Gemüsebrühe bei 600 Watt 6 Minuten garen.

Das Risotto mit Zitronensaft, Oregano, Basilikum und Pfeffer abschmecken und bei 360 Watt 18 Minuten weitergaren.

Die Krabben, das Muschelfleisch, die Crème fraîche und die gehackten Kräuter dazugeben, das Risotto abschmecken und nochmals bei 600 Watt 3 Minuten erhitzen. Zum Servieren Petersilie und Parmesan darübergeben.

Makkaroniauflauf Napoli

Für 4 Portionen ♦ 15 Min. ◇ keine

300 g "al dente" gekochte Makkaroni
200 g gemischtes Hackfleisch
50 g Mozzarella in Scheiben
1 kleine Dose geschälte Tomaten
1 EL Tomatenmark, 1 EL Olivenöl
1 fein gehackte Knoblauchzehe
50 ml Rotwein (trocken)
Oregano, Basilikum, Rosenpaprika
frisch gemahlenen weißen Pfeffer, Salz
Butter für die Form

Ein Bräunungsgeschirr bei 600 Watt 8 Minuten vorheizen. Das Hackfleisch mit dem Öl und der Knoblauchzehe bei 600 Watt 4 Minuten braten. Zwischendurch ein- oder zweimal umrühren.

Das Tomatenmark und den Rotwein dazugeben und mit den Kräutern und Gewürzen abschmecken. Dann die Tomaten dazugeben und bei 600 Watt zugedeckt 5 Minuten weitergaren.

Die Makkaroni in eine mit Butter gefettete Auflaufform geben, die Hackfleischsauce darübergießen und die Käsescheiben darauflegen. Nochmals bei 600 Watt 6 Minuten garen. Zum Servieren mit Basilikum bestreuen.

Safran-Risotto

Für 4 Portionen ♦ 28 Min. ◇ 10 Min.

250 g Langkornreis
100 g geriebenen Parmesan
0,375 l Gemüsebrühe
0,125 l Weißwein (trocken)
2 Eigelb
1 EL Olivenöl, 1 Prise Safran

Reis, Gemüsebrühe, Weißwein, Safran und Öl zusammen zugedeckt bei 600 Watt in 8 Minuten zum Kochen bringen, dann bei 180 Watt in 20 Minuten garen. Die Eigelb unterrühren und den Reis zugedeckt 10 Minuten nachquellen lassen. Den Käse locker unterheben und servieren.

Gemüserisotto

Für 4 Portionen ♦ 40 Min. ◇ keine

150 g Langkornreis
100 g gekochten Schinken in Würfeln
4 EL geriebenen Butterkäse
100 g Lauch in feinen Streifen
100 g Möhren in feinen Würfeln
1 rote Paprikaschote in Würfeln
1 grüne Paprikaschote in Würfeln
1 Zwiebel in feinen Würfeln
1 Knoblauchzehe in feinen Würfeln
100 g Crème fraîche, 2 EL Butter
0,5 l Gemüsebrühe
Kräuter der Provence, 2 EL gehackte Petersilie
frisch geriebene Muskatnuß
Cayennepfeffer
frisch gemahlenen weißen Pfeffer, Salz
Zitronenmelisse

Den Lauch, die Möhren, die Paprikaschoten, die Zwiebel und die Knoblauchzehe mit dem Reis, der Gemüsebrühe, der Butter, 1 TL Kräuter der Provence und 1 TL Salz gut vermischen und bei 600 Watt in 10 Minuten zum Kochen bringen, dann bei 360 Watt ca. 25 Minuten quellen lassen.

Das Risotto mit den Gewürzen abschmekken und den Schinken, den Butterkäse, die Crème fraîche und die Petersilie unterrühren. Bei 600 Watt nochmals 5 Minuten erhitzen und mit Zitronenmelisse garniert servieren. (Abbildung rechts)

Spaghetti carbonara

Für 4 Portionen ♦ 15 Min. ◇ 5 Min.

250 g "al dente" gekochte Spaghetti
10 Scheiben Speck
0,1 l Sahne, 3 Eier, 3 EL Butter
50 g geriebenen Parmesan, Salz
frisch gemahlenen schwarzen Pfeffer
fein gehackte Petersilie

Den Speck bei 600 Watt 5 Minuten fast knusprig braten. 5 Minuten stehen lassen und in kleine Streifen schneiden.

Die Butter in einer Schüssel bei 600 Watt in 1 Minute schmelzen. Die Sahne mit den Eiern verquirlen, den Parmesan und den

Gemüserisotto

Speck dazugeben, umrühren, pfeffern und salzen und mit der Butter vermischen.

Die Spaghetti mit der Sauce vermischen und bei 600 Watt 9 Minuten erhitzen, daß die Eier stocken. Zwischendurch mehrmals umrühren. Mit Petersilie bestreut servieren.

Überbackenes Risotto

Für 4 Portionen ♦ 40 Min. ◊ keine ●

250 g Rundkornreis
150 g fein geriebenen Fontina
600 g mageres Rindfleisch
300 g Erbsen
2 Stangen Lauch in dünnen Ringen
0,5 l Fleischbrühe
Olivenöl, 2 Zwiebeln in feinen Würfeln
0,125 l Milch, 2 Eier
1 TL Thymianblättchen, Salz
frisch gemahlenen schwarzen Pfeffer

Auf dem normalen Herd einen Topf mit 3 EL Olivenöl heiß werden lassen und die Zwiebeln darin glasig dünsten. Den Reis hinzufügen und unter Rühren leicht anbraten. Die Fleischbrühe dazugießen und den Reis darin 15 Minuten zugedeckt bei schwacher Hitze quellen lassen.

Das Rindfleisch waschen, abtrocknen und ohne Sehnen und Fett in Würfel schneiden. 2 EL Olivenöl in einer Pfanne auf dem normalen Herd erhitzen und die Fleischwürfel darin ringsherum stark anbraten.

Die Eier mit der Milch und der Hälfte des Fontinas verquirlen und mit Thymian, Pfeffer und Salz abschmecken. Das Fleisch mit dem Reis vermengen und Lauch, Erbsen und den restlichen Käse unterrühren. Mit der Eiermilch übergießen und in der unteren Schiene der Mikrowelle bei 360 Watt und 200° C Umluftgrill 20 Minuten garen.

Geflügelrisotto

Für 4 Portionen ♦ 35 Min. ◊ keine

1 Tasse Rundkornreis
200 g Pfifferlinge
200 g Hähnchenbrust
100 g durchwachsenen Speck in Würfeln
50 g Butter
2 Zwiebeln in kleinen Würfeln
1 Tasse Weißwein
1 1/2 Tassen Fleischbrühe
1 EL gehackte Petersilie, Curry, Salz
frisch gemahlenen weißen Pfeffer

Die Zwiebelwürfel mit der Butter und dem Reis in einer Terrine bei 600 Watt 5 Minuten angaren.

Die Brühe dazugießen, die Pfifferlinge und Petersilie unterrühren, und mit Curry, Pfeffer und Salz abschmecken. Die Hähnchenbrust in mundgerechte Stücke schneiden und mit dem Speck und dem Wein dazugeben. Umrühren und zugedeckt zuerst bei 600 Watt 10 Minuten, dann bei 180 Watt 20 Minuten garen. Zwischendurch mehrmals mit einem Löffel lockern.

Lasagne verde

Für 4 Portionen ♦ 14 Min. ◊ keine

300 g "al dente" gekochte grüne Lasagneblätter
200 g gemischtes Hackfleisch
50 g gekochten Schinken in Streifen
geraspelten Bel Paese
30 g Mozzarella in Würfeln
2 enthäutete Tomaten in Würfeln ohne Kerne
2 Trüffel (Dose) in kleinen Würfeln
1 Zwiebel in feinen Würfeln
0,15 l Tomatensauce
2 TL Speisestärke, 50 ml Fleischbrühe
1 EL Crème fraîche, 50 ml Schlagsahne
Oregano, Basilikum
2 EL gehackte Petersilie
frisch gemahlenen schwarzen Pfeffer, Salz
Butter für die Form

Das Hackfleisch pfeffern und salzen und mit Oregano, Basilikum und Petersilie vermischen. Die Zwiebel, die Tomaten und die Tomatensauce unterrühren und das Ganze bei 600 Watt zugedeckt 6 Minuten garen.

Die Masse aus dem Geschirr nehmen, gut umrühren und den gekochten Schinken untermischen. In eine mit Butter gefettete Lasagneform abwechselnd die Lasagneblätter und die mit jeweils 1 EL Bel Paese gemischte Hackfleischmasse schichten und mit einer Hackfleischschicht aufhören. Die Fleischbrühe mit der mit etwas kaltem Wasser angerührten Speisestärke vermischen und bei 600 Watt 2 Minuten erhitzen. Mit der Schlagsahne, der Crème fraîche, den Trüffeln und dem Mozzarella verrühren, über den Auflauf gießen und das Ganze bei 600 Watt 6 Minuten erhitzen.

Lasagne al forno

Für 2 Portionen ♦ 26 Min. ◊ keine ●

6 "al dente" gekochte Lasagneblätter
60 g gekochten Schinken in Würfeln
200 g Champignons in Scheiben
100 g tiefgefrorenen Blattspinat
Butter, 100 g Magerquark
100 g Mozzarella in Würfeln
1 kleine Dose geschälte Tomaten
1 Frühlingszwiebel in Würfeln
1 zerdrückte Knoblauchzehe
geriebenen Parmesan
Oregano, Thymian, Salz
frisch gemahlenen weißen Pfeffer

Den Schinken in einer Schüssel mit 2 EL Butter, den Champignons und der Zwiebel bei 600 Watt zugedeckt 5 Minuten garen. Zwischendurch einmal umrühren.

Den Spinat hinzufügen und weitere 5 Minuten garen.

Die Tomaten, den Knoblauch, den Quark und 4 EL Parmesan gut unterrühren und das Ganze mit Oregano, Thymian, Pfeffer und Salz nach Geschmack würzen. 2 Lasagneblätter in eine mit Butter gefettete Lasagneform auslegen, darüber eine Schicht Füllung geben, darauf wieder zwei Lasagneblätter legen, wieder Füllung daraufgeben und die übrigen Lasagneblätter. Den Mozzarella mit 30 g Parmesan vermengen, auf die Lasagne geben und Butterflöckchen aufsetzen. Bei 600 Watt und 220° C Umluftgrill in 16 Minuten fertigbacken.

Fadennudeln mit Krebssauce

Für 2 Portionen ♦ 19 Min. ◊ 5 Min.

50 g Linguine
150 g Krebsfleisch (Dose)
Olivenöl, Butter, 1 EL Mehl
2 EL Milch, 2 EL Tomatenmark
1/2 fein gehackte Zwiebel
1 fein gehackte Knoblauchzehe
gehackte Petersilie
frisch gemahlenen weißen Pfeffer, Salz
geriebenen Parmesan

Die Nudeln mit 0,5 l heißem Wasser, 1/2 TL Salz und 1 EL Öl bei 600 Watt 8 Minuten kochen. Zwischendurch einmal umrühren. 5 Minuten zugedeckt stehen lassen. Abgießen und kalt abbrausen.

Die Zwiebel in einer Schüssel mit 2 EL Butter, 1 EL Olivenöl und dem Knoblauch vermischen und bei 600 Watt zugedeckt 6 Minuten erhitzen. Mit dem Mehl gründlich vermischen.

Das Krebsfleisch mit dem Saft, 1 EL gehackte Petersilie, Pfeffer und Salz, Milch und Tomatenmark unterrühren und bei 600 Watt in 3 Minuten eindicken. Zwischendurch ein- bis zweimal umrühren. Nach Geschmack nachwürzen.

Die Nudeln heiß abbrausen, kurz abtropfen lassen und mit der Sauce übergießen. Bei 600 Watt 2 Minuten erhitzen, mit Parmesan bestreuen und mit Butterflöckchen besetzt servieren.

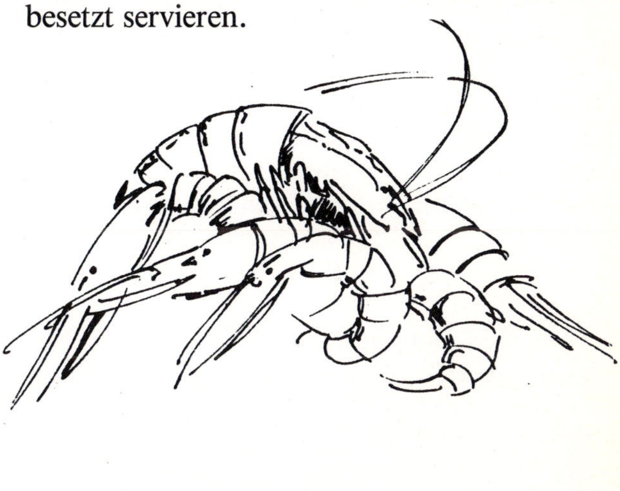

Eierrahmnudeln

Für 4 Portionen ♦ 15 Min. ◊ 5 Min.

250 g Vollkorn-Bandnudeln
1 EL Olivenöl
2 Eier, 0,125 l Sahne, Salz
50 g geriebenen Käse

Die Nudeln in 2 1/2 l Salzwasser mit dem Öl auf dem herkömmlichen Herd kochen, so daß sie noch Biß haben. Anschließend abgießen.

Die Eier mit der Sahne und dem Käse verquirlen und mit den heißen Nudeln vermischen. Zugedeckt für 2 Minuten bei 600 Watt in die Mikrowelle stellen. Anschließend 5 Minuten stehen lassen.

Spinat-Cannelloni

Für 4 Portionen ♦ 41 Min. ◊ keine ↔

16 Cannelloni, 1 kg Spinat
500 g passierte Tomaten
1 Stange Lauch in Ringen
1 rote Zwiebel in kleinen Würfeln
150 g geriebenen Emmentaler
2 gehackte Knoblauchzehen
40 g Butter
1 Bund Basilikum klein gezupft
Paprika edelsüß
frisch geriebene Muskatnuß
frisch gemahlenen schwarzen Pfeffer, Salz

Den verlesenen und gewaschenen Spinat in einer Schüssel in der Mikrowelle bei 600 Watt 5 Minuten dünsten.

Die Zwiebel mit der Hälfte der Butter bei 600 Watt 3 Minuten zugedeckt dünsten.

Den Lauch mit der restlichen Butter ebenfalls 3 Minuten dünsten.

Den Lauch mit den Tomaten mischen, mit Salz, Paprika und Basilikum nach Geschmack würzen und in eine große Auflaufform füllen.

Den Knoblauch in den Spinat geben. Mit der Zwiebel, Salz, Pfeffer und Muskat abschmecken. Gut die Hälfte des Käses unter den Spinat mischen und die Masse in die Cannelloni füllen. Die Nudeln in die Tomatensauce legen und mit dem restlichen Käse bestreuen. Die Form auf einen Rost in die untere Schiene der Mikrowelle geben und bei 360 Watt und 200° C Ober- und Unterhitze 30 Minuten backen.

Ravioli mit Schinken-Sahne-Sauce

Für 2 Portionen ♦ 20 Min. ◊ keine ●

250 g "al dente" gekochte Ravioli
300 g Erbsen aus Schoten
200 g gekochten Schinken in Streifen
1 kleine, fein gehackte Zwiebel
0,25 l Weißwein (trocken)
50 g Crème fraîche
20 g Butter, 30 g Mehl
30 g geriebenen Parmesan

Die Butter mit dem Schinken und der Zwiebel in einer Schüssel bei 600 Watt zugedeckt 5 Minuten dünsten.

Mit dem Mehl gut verrühren und unter Rühren den Weißwein und die Crème fraîche zugeben. Bei 600 Watt in 3 Minuten eindicken. Gut durchrühren, die Erbsen hinzufügen und weitere 4 Minuten garen.

Die Ravioli in eine Auflaufform füllen, die Schinken-Sahne- Sauce darübergießen und den Parmesan darüberstreuen. Das Ganze bei 360 Watt und 3. Grillstufe auf dem Rost in der mittleren Schiene der Mikrowelle 8 Minuten überbacken.

Fleisch, Geflügel und Wild

Rinderbraten

Für 4 Portionen ♦ 100 Min. ◊ keine ↔
1 kg Rinderlende
1 Zwiebel in kleinen Würfeln
1 Bund Suppengrün fein geschnitten
0,5 l Fleischbrühe, 2 EL Dijon-Senf
frisch gemahlenen schwarzen Pfeffer, Salz
Für die Sauce:
1 kleine Dose geschälte Tomaten zerkleinert
0,125 l Wasser, 4 EL Sahne, 2 EL Rotwein
1 EL Mehl, Majoran, Salbei
frisch gemahlenen weißen Pfeffer, Salz

Das Fleisch vorsichtig waschen, abtrocknen, mit Senf einreiben, pfeffern und salzen und in einem Bratgeschirr mit der Zwiebel, dem Suppengrün und der Fleischbrühe bei 210° C Ober- und Unterhitze auf dem Rost in der 1. Schiene der Mikrowelle ca. 100 Minuten braten.

Für die Sauce den Braten aus dem Geschirr auf einer vorgewärmten Platte im normalen Backofen mit Folie abgedeckt warm stellen. Den Bratenfond mit dem Wasser und den Tomaten verrühren, mit Pfeffer und Salz abschmecken und durchseihen. Die Sahne mit dem Rotwein und dem Mehl verrühren und unter Rühren in die Sauce gießen. Mit Majoran, Salbei, Pfeffer und Salz nach Geschmack würzen. (Abbildung Seite 30/31)

Römische Hammelkeule

Für 6 Portionen ♦ 60 Min. ◊ keine ○
1,5 kg Hammelkeule mit Knochen
1 Knoblauchzehe
0,25 l Rotwein (trocken), 2 EL Sahne
5 EL Olivenöl, 2 TL mittelscharfen Senf
2 EL gehackte Petersilie
Thymian, Rosmarin, Oregano
frisch gemahlenen weißen Pfeffer, Salz

Die Hammelkeule waschen, abtrocknen und Fettschichten mit einem scharfen Messer entfernen. Das Fleisch mit der halbierten Knoblauchzehe einreiben und rundherum pfeffern und salzen. Das Öl mit dem Senf, der Petersilie, dem Thymian, dem Rosmarin und dem Oregano verrühren und die Hammelkeule damit bepinseln. Den mit der Sahne verrührten Rotwein in eine Form geben, die Keule hineinlegen und bei 90 Watt und 160° C Heißluft 60 Minuten braten. Zwischendurch einmal wenden.

Folgende Doppelseite: Rinderbraten

Reh-Nüßchen

Für 4 Portionen ♦ 10 Min. ◇ keine

8 Rehrückenfilets à 100 g
1 EL Olivenöl, 1 EL Brandy
Wacholderbeeren
schwarze Pfefferkörner, Salz
frisch gemahlenen schwarzen Pfeffer

Für die Sauce:

100 g Staudensellerie in feinen Würfeln
4 enthäutete Tomaten in feinen Würfeln ohne Kerne
1 Zucchini in feinen Würfeln
1 Glas Rotwein, 1 EL Butter
1 Zwiebel in feinen Würfeln, Oregano
3 EL gehacktes Basilikum
Cayennepfeffer, Zucker
frisch gemahlenen weißen Pfeffer, Salz

Für die Sauce die Butter in einer Schüssel mit der Zwiebel, dem Staudensellerie, dem Rotwein und dem Oregano bei 600 Watt 5 Minuten garen.

Die Wacholderbeeren mit den Pfefferkörnern in einem Mörser zerstoßen und die vorsichtig gewaschenen und abgetrockneten Rehfilets damit einreiben.

Die Zucchini und die Tomaten zum Gemüse geben und bei 600 Watt wieder 5 Minuten garen.

Das Öl in einer Pfanne auf dem normalen Herd erhitzen und die Filets darin anbraten, dann mit Pfeffer und Salz nachwürzen und mit dem Brandy flambieren.

Das Basilikum in die Sauce rühren, mit je 1 Prise Cayennepfeffer, Zucker, Pfeffer und Salz nach Geschmack würzen. Das Gemüse über die angerichteten Rehfilets geben und servieren.

Tip: Um Tomaten zu enthäuten, schneidet man sie kreuzweise ein und legt sie kurz in heißes Wasser. Danach läßt sich die Haut leicht entfernen.

Krautwickel mit Tomatensauce

Für 4 Portionen ♦ 26 Min. ◇ keine ○

1 kleinen Kopf Weißkohl
200 g Mozzarella in kleinen Würfeln
100 g durchwachsenen Speck in Würfeln
2 fein gehackte Zwiebeln
2 EL Olivenöl, 2 Knoblauchzehen
1 Dose geschälte Tomaten
1 Bund Basilikum
1 Tasse geriebenen Parmesan
frisch gemahlenen weißen Pfeffer, Salz

Das Weißkraut putzen, die inneren Blätter ablösen und 10 Minuten blanchieren.

Jeweils vier blanchierte Blätter auf einer Arbeitsfläche übereinanderschichten, den Mozzarella darauf verteilen, die Blätter zusammenrollen und mit Küchengarn fixieren.

Den Speck mit dem Olivenöl, dem Knoblauch und den Zwiebeln bei 600 Watt in 4 Minuten anbraten.

Die Tomaten durch ein Sieb zu den Zwiebeln streichen und die Sauce mit Basilikum, Pfeffer und Salz abschmecken. Die Krautwickel in eine Form schichten, die Sauce und den Parmesan darübergeben und das Ganze bei 360 Watt und 220° C Heißluft 12 Minuten garen.

Ossobuco

Für 4 Portionen ♦ 60 Min. ◇ keine ○

4 Scheiben Kalbshaxe à 400 g
100 g Speck in dünnen Scheiben
250 g enthäutete Tomaten in Scheiben
1 Möhre in feinen Würfeln
1 Zwiebel in feinen Würfeln
1 Knoblauchzehe in sehr feinen Würfeln
0,125 l Rotwein (trocken), 0,125 l Brühe
1 EL Zitronensaft
1/2 Tasse Mehl
Thymian, Basilikum, Oregano
frisch gemahlenen weißen Pfeffer, Salz

Die Haxenscheiben pfeffern und salzen, im Mehl wenden und in einer gußeisernen Pfanne auf dem normalen Herd beidseitig scharf anbraten.

Die Tomaten mit der Möhre, der Zwiebel und der Knoblauchzehe in ein größeres Bratgeschirr geben. Das Fleisch aus der Pfanne nehmen, um mit dem Rotwein den Bratfond zu lösen. Rotwein, Brühe, Thymian, Basilikum, Oregano und Zitronensaft unter das Gemüse rühren. Die Fleischscheiben obenauf legen und mit den Speckscheiben belegen. Das Ganze bei 90 Watt und zusätzlich 190° C Heißluft zugedeckt ca. 60 Minuten garen.

Ente in Trüffelsauce

Für 4 Portionen ♦ 47 Min. ◊ 15 Min.

1 Ente von 1,5 kg (ohne Innereien)
200 fein gehackte Möhren
100 g Trüffel in Scheiben
50 g fein gehackte Zwiebel
1 EL Instantmehl
2 EL Sherry (trocken)
65 ml Weißwein (trocken)
Majoran, Thymian
frisch gemahlenen weißen Pfeffer, Salz
1 EL fein gehackte Petersilie

Ein Bräunungsgeschirr bei 600 Watt 6 Minuten vorheizen. Die Ente zerlegen und das Innere der Teile mit Majoran, Thymian, Pfeffer und Salz würzen, mit der gewürzten Seite nach oben in das Bräunungsgeschirr legen und bei 600 Watt 7 Minuten anbraten.

Die Teile wenden, die Zwiebeln und Möhren darüberstreuen und bei 360 Watt zugedeckt 30 Minuten garen. 10 Minuten zugedeckt stehen lassen.

Die Ententeile aus dem Bräunungsgeschirr nehmen und in Alufolie gewickelt 5 Minuten ruhen lassen. Vom Bratensaft das Fett abschöpfen, das Mehl einrühren, den Sherry, den Weißwein und die Trüffel zugeben und das Ganze bei 600 Watt 4 Minuten erwärmen. Zwischendurch einmal umrühren. Zum Servieren die Ententeile mit Sauce übergießen und mit Petersilie bestreuen.

Hähnchen

Für 4 Portionen ♦ 23 Min. ◊ 10 Min.

1 Hähnchen von 1 kg
400 g enthäutete Tomaten in kleinen Würfeln ohne Kerne
Tomatenmark, 2 EL Rotwein (trocken)
1/2 Zwiebel in kleinen Würfeln
25 g geriebenen Parmesan
Oregano, Rosenpaprika
Pfeffer, Salz

Die Tomaten in einer Schüssel mit dem Rotwein, dem Tomatenmark, den Zwiebeln, etwas Oregano, 1 Prise Paprika, Pfeffer und Salz nach Geschmack mischen und 0,125 l heißes Wasser unterrühren.

Das Hähnchen mit der Brust nach unten in eine Schüssel geben, mit der Sauce übergießen und zuerst bei 600 Watt 3 Minuten, dann bei 360 Watt 20 Minuten garen. Nach 10 Minuten das Hähnchen mit der Brust nach oben drehen, mit Sauce begießen und weitergaren. Nach weiteren 5 Minuten wieder mit Sauce begießen und mit dem Parmesan bestreuen. 10 Minuten stehen lassen und servieren.

Toskanische Lammkeule

Für 4 Portionen ♦ 60 Min. ◊ keine ●

1 kg Lammkeule ohne Knochen
1 große Dose geschälte Tomaten
4 Knoblauchzehen, 5 EL Olivenöl
0,125 l Rotwein (trocken)
Thymian, Rosmarin, Oregano
frisch gemahlenen weißen Pfeffer, Salz

Die Knoblauchzehen zerreiben und mit den Kräutern und dem Olivenöl verrühren. Die gewaschene und abgetrocknete Lammkeule damit bepinseln und bei 180 Watt und 210° C Umluftgrill zugedeckt 60 Minuten braten.

Nach 30 Minuten die Tomaten durch ein Sieb zum Fleisch passieren und den Rotwein angießen. Die Sauce mit Pfeffer und Salz abschmecken.

Hähnchengeschnetzeltes mit Champignons

Für 4 Portionen ♦ 42 Min. ◇ keine

3 Hähnchenbrustfilets in mundgerechten Stücken
100 g Lauch in Streifen
250 g Champignons
1 Zwiebel in feinen Würfeln
2 EL Butterschmalz
Zitronensaft, 0,125 l Weißwein
3 EL Crème fraîche
1 TL Kräuter der Provence
1 TL geschrotete schwarze Pfefferkörner
frisch gemahlenen schwarzen Pfeffer, Salz
Kresse

Für die Sauce:

0,25 l Milch, 0,25 l Wasser
30 g Butter, 30 g Mehl
frisch gemahlenen weißen Pfeffer, Salz

Für die Sauce die Butter bei 180 Watt in 1/2 Minute zum Schmelzen bringen, mit dem Mehl verrühren und weitere 2 Minuten erhitzen.

Mit dem Schneebesen die Milch und das Wasser unterschlagen, bei 600 Watt in 4 Minuten zum Kochen bringen und bei 180 Watt 2 Minuten weitergaren. Mit Pfeffer und Salz abschmecken.

Ein Bräunungsgeschirr bei 600 Watt 5 Minuten vorheizen.

Das Fleisch mit den Kräutern der Provence, den geschroteten Pfefferkörnern, dem schwarzen Pfeffer und Salz würzen. Das Butterschmalz in dem heißen Bräunungsgeschirr erhitzen, das Fleisch hineingeben und bei 600 Watt 10 Minuten anbraten. Zwischendurch ein- oder zweimal umrühren.

Die geputzten und gewaschenen Champignons in Scheiben schneiden, mit Zitronensaft beträufeln und mit dem Lauch und der Zwiebel zum Fleisch geben. Den Weißwein dazugießen, gut umrühren und bei 600 Watt nochmals 10 Minuten garen.

Die helle Sauce mit der Crème fraîche verrühren und mit dem Fleisch vermischen. Das Ganze bei 600 Watt 8 Minuten erhitzen. Zum Servieren das Geschnetzelte mit Zitronensaft, Pfeffer und Salz abschmecken und nach Geschmack Kresse unterrühren.

Hähnchengeschnetzeltes mit Champignons

Schweinefilet

Für 4 Portionen ♦ 16 Min. ◇ 5 Min.

400 g Schweinefilet

30 g Margarine

Paprika, Salz

frisch gemahlenen schwarzen Pfeffer

Ein Bräunungsgeschirr bei 600 Watt 8 Minuten vorheizen.

Das Schweinefilet vorsichtig waschen, abtrocknen und in 2 cm dicke Scheiben schneiden. Die Scheiben mit dem Messer etwas flach drücken und auf einer Seite mit Pfeffer und Salz, auf der anderen mit Paprika und Salz würzen. Die Margarine in das heiße Bräunungsgeschirr geben und die Filets darin mit der gepfefferten Seite nach unten bei 600 Watt 8 Minuten braten. Nach 4 Minuten wenden und anders anordnen. Zudekken und 5 Minuten ruhen lassen.

Kalbsfilet

Für 4 Portionen ♦ 16 Min. ◇ keine

4 Scheiben Kalbsfilet

2 EL Olivenöl

1 TL Schale einer ungespritzen Zitrone, abgerieben

1 TL Kräuter der Provence

frisch gemahlenen schwarzen Pfeffer, Salz

Ein Bräunungsgeschirr bei 600 Watt 8 Minuten vorheizen.

Die Kalbsfilets vorsichtig waschen, abtrocknen und mit Pfeffer und Salz würzen. Die Zitronenschale mit den Kräutern der Provence vermischen und die Filets damit einreiben. Das Olivenöl in das heiße Bräunungsgeschirr geben und die Filets darin bei 600 Watt 8 Minuten braten. Zwischendurch einmal wenden und anders anordnen.

Kalbsrücken mit Spinatfüllung

Für 6 Portionen ♦ 70 Min. ◇ 16 Min. ●

1 kg Kalbsrücken zum Rollen, 400 g Spinat

100 g dünn geschnittenen Parmaschinken

100 g Champignons in Scheiben

10 g Butter

1 grob gehackte Zwiebel

1 gehackte Knoblauchzehe

1 kleine Dose Tomatenmark

0,125 l Rotwein (trocken)

1 Ei, 60 g geriebenen Bel Paese

frisch geriebene Muskatnuß

frisch gemahlenen schwarzen Pfeffer, Salz

Den verlesenen und gewaschenen Spinat in einer Schüssel bei 600 Watt zugedeckt 3 Minuten dünsten. 3 Minuten stehen lassen.

Die Champignons mit der Butter in einer Schüssel ebenfalls bei 600 Watt zugedeckt 3 Minuten dünsten und 3 Minuten zugedeckt stehen lassen.

Den Kalbsrücken waschen, abtrocknen, ringsherum mit Pfeffer und Salz würzen und auf der Innenseite mit dem Parmaschinken belegen. Den Spinat abtropfen lassen, grob hacken, mit dem Ei und dem Käse vermischen und auf dem Kalbsrücken verteilen. Die ebenfalls abgetropften Champignons darübergeben. Das Ganze mit Muskat, Pfeffer und Salz nach Geschmack würzen und zu einer Roulade aufrollen. Mit Küchengarn umwickeln und in einer Form auf dem Rost in der unteren Schiene der Mikrowelle bei 360 Watt und 190° C Umluftgrill ca. 60 Minuten garen. Den Braten nach 20 Minuten wenden und die Form um 180° drehen. Die Zwiebel und den Knoblauch dazugeben. Nach weiteren 10 Minuten etwas heißes Wasser angießen.

Den Braten in Alufolie gewickelt 10 Minuten ruhen lassen. Den Rotwein und das Tomatenmark gut vermischen und mit dem durchpassierten Bratfond verrühren. Mit Pfeffer und Salz würzen und bei 600 Watt 4 Minuten kochen lassen.

Ente mit Maroni-Füllung

Für 4 Portionen ♦ 60 Min. ◊ keine ●

1 Ente von 1,5 kg
Beifuß, Salz
frisch gemahlenen weißen Pfeffer
Für die Füllung:
2 geschälte Äpfel in Vierteln
140 g Maroni

Die Ente waschen, außen und innen abtrocknen, mit Beifuß, Pfeffer und Salz nach Geschmack würzen, mit den Äpfeln und Maroni füllen und den Bauch zunähen. Die Ente mit der Brust nach unten in ein Bratgeschirr legen, auf den Rost in der 1. Schiene der Mikrowelle stellen und bei 180 Watt und 220° C Umluftgrill 30 Minuten, dann bei 90 Watt und Umluftgrill in ca. 30 Minuten fertiggaren. Zwischendurch einmal wenden, das Fett abgießen und etwas heißes Wasser angießen. Die Ente zwischendurch zweimal mit dem abgegossenen Fett bestreichen.

Venezianisches Ragout

Für 4 Portionen ♦ 29 Min. ◊ keine

500 g Lammfleisch in kleinen Würfeln
1 EL Olivenöl, 0,125 l Weißwein (trocken)
250 g enthäutete Tomaten in Vierteln
1 TL geriebene Zwiebel
1 gehackte Knoblauchzehe
Oregano, Thymian, Salz
frisch gemahlenen weißen Pfeffer

Ein Bräunungsgeschirr bei 600 Watt 6 Minuten vorheizen. Das Fleisch mit dem Olivenöl hineingeben und bei 600 Watt zugedeckt 5 Minuten anbraten. Zwischendurch einmal wenden.

Den Wein zum Fleisch gießen und die Tomaten, die Zwiebel und die Knoblauchzehe unterrühren, mit Oregano, Thymian, Pfeffer und Salz nach Geschmack würzen und bei 600 Watt zugedeckt in 6 Minuten zum Kochen bringen und bei 360 Watt in 12 Minuten fertig garen.

Gewürzhackbraten

Für 4 Portionen ♦ 40 Min. ◊ keine ○

750 g gemischtes Hackfleisch
3 fein gehackte Frühlingszwiebeln
2 Eier
1 TL Tomatenmark, 60 g Frischkäse
2 EL fein gehackte Gartenkräuter
frisch geriebene Muskatnuß, 1/2 TL Salz
1 TL frisch gemahlenen weißen Pfeffer

Die Zwiebel mit dem Hackfleisch, den Eiern, 1 Prise Muskatnuß, dem Pfeffer und dem Salz in einer hohen Schüssel mit den Knethaken des Handrührers vermengen. Das Tomatenmark mit den Gartenkräutern und dem Frischkäse vermischen und mit dem Hackfleisch verkneten. Aus der Masse einen Laib formen, in eine Auflaufform legen und bei 360 Watt und 200° C Heißluft in ca. 40 Minuten garen.

Hackfleischsauce

Für 4 Portionen ♦ 12 Min. ◊ keine

300 g Rinderhackfleisch
0,125 l Rotwein (trocken)
0,25 l Wasser, 2 EL Olivenöl
1 TL Tomatenmark, 2 EL Crème fraîche
2 EL gehackte Zwiebel
1 zerdrückte Knoblauchzehe
Oregano, Thymian, Rosmarin
frisch gemahlenen weißen Pfeffer, Salz

Ein Bräunungsgeschirr bei 600 Watt 4 Minuten vorheizen. Das Öl mit der Zwiebel und dem Knoblauch darin unter Rühren anbräunen. Das Hackfleisch dazugeben und bei 600 Watt 2 Minuten andünsten.

Den Rotwein dazugießen und das Hackfleisch bei 600 Watt zugedeckt 2 Minuten weiterdünsten.

Oregano, Thymian, Rosmarin, Pfeffer, Salz und das Wasser verrühren, zum Fleisch geben und bei 600 Watt 4 Minuten erhitzen. Zwischendurch ein- oder zweimal umrühren. Mit Salz, Tomatenmark und Crème fraîche abschmecken.

Schnitzel Romana

Für 6 Portionen ♦ 46 Min. ◇ 10 Min.

6 Kalbsschnitzel von 2 cm Dicke
6 dünne Scheiben Frühstücksspeck
einige Salbeiblätter
2 EL Olivenöl, Salz

Ein Bräunungsgeschirr bei 600 Watt 8 Minuten vorheizen. Die Schnitzel quer einschneiden und mit Salbeiblättchen und einer Speckscheibe füllen. Mit Zahnstochern zusammenstecken und mit dem Öl im Bräunungsgeschirr bei 600 Watt 8 Minuten anbräunen. Wenden und bei 360 Watt zugedeckt 30 Minuten garen. Salzen und 10 Minuten zugedeckt stehen lassen.

Rinderrouladen in Weinsauce

Für 4 Portionen ♦ 48 Min. ◇ keine ○

4 Rinderrouladen à 200 g
2 TL mittelscharfen Senf
100 g durchwachsenen Speck in Streifen
2 Essiggurken in Streifen
2 fein gehackte Zwiebeln
1 TL Tomatenmark
0,125 l Rotwein (trocken)
2 EL Butter
2 EL Crème fraîche, 1 EL Speisestärke
frisch gemahlenen weißen Pfeffer, Salz

Die Rouladen waschen, abtrocknen, auf eine Arbeitsfläche legen, mit dem Senf bestreichen und mit Pfeffer und Salz würzen. Die Speck- und Gurkenstreifen auf die Rouladen legen und die Zwiebel darüberstreuen. Die Fleischscheiben aufrollen und mit Zahnstochern feststecken. Die Rouladen in eine Form geben, den mit dem Tomatenmark vermischten Rotwein angießen, Butterflöckchen auf das Fleisch geben und das Ganze bei 90 Watt und 180°C Heißluft zugedeckt 45 Minuten garen.

Die Rouladen anrichten und die Zahnstocher entfernen. Die Crème fraîche mit der Speisestärke verrühren, zum Rouladenfond geben und bei 600 Watt in 3 Minuten aufkochen. Zwischendurch zweimal gut umrühren. Zum Servieren abschmecken und über die Rouladen gießen.

Hackfleisch-Tomaten-Auflauf

Für 2 Portionen ♦ 22 Min. ◇ keine

500 g Rinderhackfleisch
100 g gekochten Langkornreis
750 g Fleischtomaten ohne Stengelansätze
1 1/2 Scheiben altbackenes Toastbrot
2 Eier, 1 Knoblauchzehe
1 1/2 Bund Petersilie (ohne Stiele)
1 Bund gehackten Oregano, 2 EL Olivenöl
frisch gemahlenen weißen Pfeffer, Salz

Das Rinderhackfleisch mit Pfeffer und Salz nach Geschmack würzen, mit dem Oregano vermengen und in einer Auflaufform glattgestrichen bei 600 Watt 6 Minuten garen, mit einem Kochlöffel etwas auflockern und weitere 5 Minuten garen.

Den Reis und die Eier untermischen, die Masse wieder glattstreichen und mit den aufgeschnittenen, gepfefferten und gesalzenen Tomaten belegen. Den Toast mit der Petersilie, der geschälten Knoblauchzehe, dem Öl und 2 EL Wasser pürieren, die Masse auf die Tomatenscheiben geben, glattstreichen und das Ganze bei 600 Watt 11 Minuten garen.

Tip: Wenn Sie viel Sauce mögen, geben Sie beim Braten etwas Rotwein und kleine Stücke Zwiebelschale mit zum Fleisch. Der Fond bekommt dann eine schöne Farbe und natürlich auch einen sehr guten Geschmack. Diesen kann man noch verbessern, indem man bei der Saucenzubereitung einen Schuß Cognac oder trockenen Sherry zugibt.

Fische und Meeresfrüchte

Karpfenfilet im Rotweinsud

Für 4 Portionen ♦ 29 Min. ◇ keine
4 Karpfenfilets à 200 g
Zitronensaft
frisch gemahlenen schwarzen Pfeffer, Salz
2 EL gehackte Petersilie, 2 EL gehackten Dill
Für den Sud:
0,5 l Rotwein (trocken), 0,5 l Fischbrühe
400 g enthäutete Tomaten in Würfeln ohne Kerne
150 g Möhren in feinen Streifen
150 g Staudensellerie in feinen Scheiben
1 Zwiebel in feinen Streifen, 1 EL Butter
1 Lorbeerblatt
50 ml Estragonessig, Zucker, Salz
frisch gemahlenen weißen Pfeffer

Die Karpfenfilets vorsichtig abwaschen, abtrocknen, mit etwas Zitronensaft beträufeln und 10 Minuten kalt stellen.

Für den Sud die Butter in einer Schüssel mit den Möhren, der Staudensellerie und der Zwiebel bei 600 Watt 9 Minuten garen.

Tomaten und Fischbrühe, Rotwein, Lorbeerblatt, Essig dazugeben und mit Zucker, Pfeffer und Salz nach Geschmack würzen. Bei 600 Watt 9 Minuten kochen.

Die mit Pfeffer und Salz gewürzten Fischfilets in den Sud geben und bei 360 Watt 11 Minuten ziehen lassen. Zum Servieren die Fischfilets herausnehmen, den Sud nach Geschmack nachwürzen und über die Filets geben. Mit Petersilie und Dill garnieren.

Muschelgratin mit Tomaten

Für 6 Portionen ♦ 39 Min. ◇ keine ●
3 kg Miesmuscheln
600 g enthäutete Tomaten in Würfeln ohne Kerne
150 g Gouda fein gerieben
40 g Butter, 0,25 l Rotwein (trocken)
2 weiße Zwiebeln in feinen Ringen
4 Knoblauchzehen in sehr kleinen Würfeln
2 Lorbeerblätter
2 Bund Basilikum fein geschnitten
frisch gemahlenen schwarzen Pfeffer, Salz

Die Muscheln unter fließendem kaltem Wasser putzen und den Bart entfernen. Nur die geschlossenen Muscheln weiterverwenden. Die Zwiebeln und den Knoblauch in der Butter in einer großen Schüssel bei 600 Watt 3 1/2 Minuten dünsten.

Den Rotwein, die Lorbeerblätter und das Basilikum zufügen und mit Pfeffer und Salz würzen. Die Muscheln in der Sauce bei 600 Watt 20 Minuten zugedeckt garen.

Herausnehmen, abtropfen lassen und die geschlossenen Muscheln aussortieren. Aus den offenen Muscheln das Fleisch auslösen und mit den Tomaten in eine Schüssel geben. Die Rotweinsauce nach Geschmack nochmals pfeffern und salzen und ohne die Lorbeerblätter über die Muscheln geben. Den Käse darüberstreuen und alles auf dem Rost in der mittleren Schiene der Mikrowelle bei 360 Watt und 3. Grillstufe ca. 15 Minuten grillen.

Fisch mit Oliven

Für 4 Portionen ♦ 12 Min. ◇ keine

400 g Heilbuttfilet in Würfeln
50 g Champignons in Scheiben
10 Oliven in Scheiben
4 Tomaten in Scheiben
0,125 l Crème fraîche, 1 EL Tomatenmark
40 g geriebenen Parmesan, 20 g Butter
frisch gemahlenen weißen Pfeffer, Salz

Die Fischwürfel in eine Auflaufform geben und die Champignons und die Oliven darüber verteilen. Die Crème fraîche mit dem Tomatenmark und dem Parmesan verrühren, mit Pfeffer und Salz würzen und über den Fisch geben. Butterflöckchen aufsetzen und das Ganze zugedeckt bei 600 Watt auf dem Rost in der 2. Schiene der Mikrowelle 12 Minuten garen. Zum Servieren mit den Tomaten garnieren.

Mediterraner Fischtopf

Für 4 Portionen ♦ 28 Min. ◇ keine

400 g Seeteufelfilet in mundgerechten Stücken
300 g Miesmuschelfleisch
50 g gekochte, geschälte Riesengarnelen
500 g enthäutete Tomaten in Vierteln
350 g Zucchini in dünnen Streifen
250 g Paprikaschoten in Streifen
2 Frühlingszwiebeln in Ringen
Zitronensaft
2 EL Olivenöl, 2 TL Speisestärke
2 gepreßte Knoblauchzehen
1 Zwiebel in dünnen Ringen
Estragon, Thymian
frisch geriebene Muskatnuß, Salz
frisch gemahlenen weißen Pfeffer
gehackte Petersilie

Zwiebeln und Knoblauch im Olivenöl bei 600 Watt 3 Minuten andünsten.

Zucchini und Paprika dazugeben, mit Estragon, Thymian, Muskat, Pfeffer und Salz würzen und zugedeckt weitere 8 Minuten andünsten.

Die mit Zitronensaft beträufelten Seeteufelfilets und die Tomaten zum Gemüse geben und bei 600 Watt zugedeckt 10 Minuten garen. Nach 5 Minuten umrühren.

Die Speisestärke mit etwas Wasser anrühren, dazugeben und alles nochmal 3 Minuten bei 600 Watt erhitzen.

Vorsichtig umrühren, die Muscheln und die Garnelen unterrühren und bei 360 Watt weitere 4 Minuten kochen. Zum Servieren mit Petersilie bestreuen.
(Abbildung Seite 2/3)

Fischauflauf mit Schinken und Käse

Für 4 Portionen ♦ 14 Min. ◇ keine ○

8 Seelachsfilets à 100 g
600 g "al dente" gekochte Bandnudeln
200 g enthäutete und entkernte Tomaten in Würfeln
125 g geriebenen Butterkäse
8 Scheiben gekochten Schinken
1 fein gehackte Zwiebel
2 EL Butter, 0,25 l Sahne
0,125 l Weißwein, Zitronensaft
Weinessig
1 TL Oregano, Salz
frisch gemahlenen weißen Pfeffer
2 EL gehackte Petersilie

Die Seelachsfilets waschen, abtrocknen, mit etwas Zitronensaft und Weinessig beträufeln und mit Pfeffer und Salz würzen. Jedes Filet in eine Scheibe Schinken einwickeln.

Die Zwiebel in einer Auflaufform mit der Butter bei 600 Watt 2 Minuten garen.

Die Bandnudeln mit den Tomaten vermischen, zu den Zwiebeln geben und gut umrühren. Die Seelachsfilets schuppenartig auf die glattgestrichenen Nudeln legen.

Den Weißwein mit der Sahne verrühren, mit Oregano, Pfeffer und Salz würzen und über den Fisch gießen. Den Käse darüberstreuen und das Ganze bei 360 Watt und 200°C Heißluft 12 Minuten garen. Den Fischauflauf zum Servieren mit Petersilie bestreuen. (Abbildung links)

Fischauflauf mit Schinken und Käse

Tomatenfisch

Für 2 Portionen ♦ 15 Min. ◇ keine ○

400 g Kabeljaufilet
4 enthäutete Tomaten in Würfeln
50 g gekochten Schinken in sehr feinen Würfeln
1 Gewürzgurke in sehr feinen Würfeln
5 grüne Oliven in sehr feinen Würfeln
1 Zwiebel in Würfeln, 1 TL Kapern
20 g Butter, 1 EL Zitronensaft
Zucker, Rosenpaprika, Salz
frisch gemahlenen weißen Pfeffer

Den Fisch vorsichtig abwaschen, abtrocknen und in einer Schüssel mit etwas Zitronensaft beträufeln und mit Pfeffer und Salz würzen.

Die Tomaten, den Schinken, die Zwiebel, die Gewürzgurke und die Oliven grob pürieren, mit der Butter und den Kapern vermischen und mit Zucker, Paprika, Pfeffer und Salz würzen. Den Fisch mit der Masse bestreichen und bei 600 Watt und 190° C Heißluft 15 Minuten backen.

Kabeljaufilet in Weißwein

Für 4 Portionen ♦ 8 Min. ◇ 5 Min.

4 Kabeljaufilets à 150 g
75 ml Weißwein (trocken)
1 Tomate in 8 Scheiben
Zitronensaft
Butter, Basilikum, Salz
frisch gemahlenen weißen Pfeffer

Die Fischfilets in einer Form mit etwas Zitronensaft beträufeln und salzen. 5 Minuten stehen lassen, dann den Wein dazugeben und mit Pfeffer würzen. Die Filets mit je 2 Tomatenscheiben belegen, mit dem Basilikum bestreuen und mit Butterflöckchen besetzen. Das Ganze bei 600 Watt zugedeckt 8 Minuten garen. Zwischendurch einmal die Form um 180° drehen. Nach dem Garen 5 Minuten stehen lassen.

Kräutermakrelen

Für 4 Portionen ♦ 15 Min. ◇ keine ●

4 Makrelen à 300 g
Saft von 2 Zitronen
1 Tasse Olivenöl, 2 gehackte Knoblauchzehen
1 Bund Petersilie
Oregano, Basilikum, Thymian
frisch gemahlenen weißen Pfeffer, Salz

Die Makrelen vorsichtig abwaschen, abtrocknen, mit etwas Zitronensaft beträufeln, pfeffern und salzen und 30 Minuten kalt stellen.

Die Makrelen mit der Petersilie füllen. Die Knoblauchzehen mit dem Öl, Oregano, Basilikum und Thymian verrühren. Die Fische mehrmals quer einschneiden, mit der Ölmischung bepinseln und bei 360 Watt und 240° C Umluftgrill 12 bis 15 Minuten garen.

Venezianischer Fischtopf

Für 4 Portionen ♦ 30 Min. ◇ keine

400 g Seefischfilet
100 g Krebsfleisch
100 g Muschelfleisch
100 g Möhren in kleinen Würfeln
100 g Staudensellerie in Würfeln
1 große Dose geschälte Tomaten
1 kleines Glas mit Paprika, gefüllte Oliven
1 Zwiebel in kleinen Würfeln, 2 Knoblauchzehen
Zitronensaft, 1 Glas Rotwein, 2 EL Butter
Salbeiblätter, 2 EL gehackte Zitronenmelisse
frisch gemahlenen schwarzen Pfeffer, Salz

Die Fischfilets vorsichtig abwaschen, abtrocknen, in mundgerechte Stücke schneiden und mit etwas Zitronensaft beträufelt 10 Minuten kalt stellen. Das Krebs- und Muschelfleisch ebenfalls beträufeln und 10 Minuten kalt stellen.

Die Knoblauchzehen zerreiben und in einer Schüssel mit den Möhren, der Staudensellerie, der Zwiebel, dem Rotwein, der Butter und den Salbeiblättern bei 600 Watt 9 Minuten garen.

Die mit einer Gabel zerdrückten Tomaten und die Oliven zum Gemüse geben und wenn nötig, etwas Wasser dazugießen. Bei 600 Watt 7 Minuten erhitzen.

Den Fisch, das Krebs- und Muschelfleisch unterrühren und weitere 14 Minuten bei 360 Watt garen. Mit Zitronensaft, Pfeffer und Salz nach Geschmack nachwürzen und zum Servieren mit Zitronenmelisse bestreuen.

Schollenfilets in Weißburgunder

Für 4 Portionen ♦ 13 Min. ◇ 2 Min.

800 g Schollenfilets
8 dünne Zitronenscheiben
65 ml Weißburgunder
1/2 TL Schale einer ungespritzten Zitrone, abgerieben
1/2 fein gehackte Zwiebel
frisch gemahlenen weißen Pfeffer, Salz
1 TL fein gehackte Petersilie

Die Schollenfilets salzen, nebeneinander in eine Schale legen und mit den Zitronenscheiben bedecken. Die restlichen Zutaten vermischen, über den Fisch gießen und das Ganze zugedeckt bei 600 Watt 13 Minuten garen. 2 Minuten stehen lassen.

Mandelforellen

Für 2 Portionen ♦ 10 Min. ◇ keine

400 g Forellenfilets
30 g gehobelte Mandeln
Zitronensaft
frisch gemahlenen schwarzen Pfeffer
Salz, Butter

Die Mandeln in einer Schüssel mit 1 EL Butter bei 600 Watt 4 Minuten rösten. Zwischendurch einmal umrühren.

Die Forellenfilets mit etwas Zitronensaft beträufeln, pfeffern und salzen und mit Butterflöckchen besetzt bei 600 Watt 5 Minuten garen. Die Mandeln darüberstreuen und nochmals 1 Minute garen.

Muscheln im Weinsud

Für 2 Portionen ♦ 33 Min. ◇ keine ○

1,5 kg Miesmuscheln
0,5 l Weißwein (trocken)
3 EL Butter
2 Zwiebeln in feinen Würfeln, 2 Knoblauchzehen
1 Lorbeerblatt, Thymian
frisch gemahlenen weißen Pfeffer, Salz

Die Muscheln unter fließendem kaltem Wasser putzen und den Bart entfernen. Nur die geschlossenen Muscheln weiterverwenden. Die Zwiebeln in der Butter in einer Schüssel bei 600 Watt 3 Minuten dünsten.

Die Knoblauchzehe hinzupressen, den Weißwein dazugießen, Lorbeerblatt und Thymian hineingeben und mit Pfeffer und Salz abschmecken. Die Muscheln dazugeben, gut umrühren und bei 360 Watt und 180° C Heißluft zugedeckt 30 Minuten kochen.

Garnelenragout auf Spinat

Für 4 Portionen ♦ 42 Min. ◇ 5 Min.

450 g geschälte Garnelen
900 g Blattspinat, 150 g Champignons
100 g geraspelten Mozzarella
1 EL Butter, 3 EL Sherry (trocken)
3 EL frische Weißbrotbrösel
2 TL gehackte Petersilie, Paprika
frisch gemahlenen schwarzen Pfeffer, Salz

Für die Sauce:

2 EL Butter, 1 EL Mehl, 0,275 l Milch
frisch gemahlenen weißen Pfeffer, Salz

Für die Sauce die Butter bei 600 Watt in 1 Minute zum Schmelzen bringen, mit dem Mehl verrühren, die Milch zugeben und in 5 Minuten zum Kochen bringen und eindikken. Zwischendurch mehrmals umrühren, pfeffern und salzen.

Die Champignons, den Käse und den Sherry zugeben, mit Pfeffer und Salz abschmecken und die Garnelen unterrühren.

Die Butter in einer Schüssel bei 600 Watt in 1/2 Minute erhitzen und mit den Weißbrotbröseln, der Petersilie und dem Paprika vermischen.

Den Spinat in einer Schüssel bei 600 Watt in 16 Minuten erwärmen. Die Flüssigkeit abgießen, den Spinat grob zerkleinern und mit Pfeffer und Salz abschmecken.

Den Spinat in eine Form geben, die Garnelenmischung darauf verteilen und mit den Weißbrotbröseln bestreut bei 600 Watt 7 Minuten andünsten, dann die Form um 180° drehen und weitere 12 Minuten bei 360 Watt garen. 5 Minuten zugedeckt stehen lassen.

Auflauf mit Meeresfrüchten

Für 4 Portionen ♦ 30 Min. ◊ keine ○

200 g Muschelfleisch
200 g Crevetten, 200 g Tintenfischringe
200 g Möhren in feinen Würfeln
100 g Staudensellerie in feinen Würfeln
1 große Dose geschälte Tomaten
1 Zucchini in feinen Würfeln
1 Zwiebel in feinen Würfeln
2 Tassen Weißbrotbrösel
125 g geriebenen Emmentaler
2 Eier, 2 EL Butter
1 Glas Weißwein, Zitronensaft
Kräuter der Provence, gehackte Petersilie
Zucker, Salz, Cayennepfeffer
frisch gemahlenen weißen Pfeffer

Die Zucchini, den Staudensellerie, die Möhren und die Zwiebel in einer Schüssel mit der Butter und dem Weißwein bei 600 Watt 11 Minuten garen.

Die Tomaten mit einer Gabel zerdrücken und dazugeben. Die Meeresfrüchte mit etwas Zitronensaft beträufeln und mit den Kräutern der Provence unter das Gemüse rühren. Mit Zucker, Cayennepfeffer, Pfeffer und Salz abschmecken und bei 600 Watt 9 Minuten garen.

Den geriebenen Käse und die Weißbrotbrösel mit den Eiern und der Petersilie verrühren und darüber verteilen. Das Ganze bei 250° C Heißluft 10 Minuten goldgelb überbacken. (Abbildung rechts)

Auflauf mit Meeresfrüchten

Gemüse und Gemüsegerichte

Italienischer Gemüseauflauf

Für 2 Portionen ♦ 23 Min. ◇ keine ●

400 g Tomaten aus der Dose (Saft aufheben!)
in Hälften
300 g Tiefkühl-Broccoli
300 g gekochte grüne Bandnudeln
100 g gekochten Schinken in Würfeln
100 g geraspelten Emmentaler
5 Eier, 0,15 l Sahne
2 TL frische Thymianblättchen
Muskat, Pfeffer, Salz
25 g geriebenen Parmesan
Butter für die Form

Den Broccoli 6 Minuten bei 600 Watt vorgaren, in Röschen zerteilen und die Stiele klein schneiden.

Die Nudeln in eine mit Butter eingefettete Auflaufform geben und den Broccoli, den Schinken und die Tomaten darauf verteilen. Die Eier mit der Sahne, dem Emmentaler und dem Tomatensaft verquirlen, mit den Thymianblättchen, Muskat, Salz und Pfeffer abschmecken und in die Form gießen. Den Parmesan darüberstreuen und das Ganze bei 600 Watt und zusätzlich 2. Grillstufe 17 Minuten backen.

Auberginen "Triest"

Für 2 Portionen ♦ 12 Min. ◇ keine

1 Aubergine in Scheiben
50 g durchwachsenen geräucherten Speck
in feinen Würfeln
50 g Mozzarella in Scheiben
2 enthäutete Tomaten in Scheiben
60 ml Weißwein (trocken)
2 EL Olivenöl, 1 EL Tomatenmark
1 Zwiebel in Scheiben
1 fein gehackte Knoblauchzehe
Oregano, Basilikum, Salz
frisch gemahlenen schwarzen Pfeffer
Butter für die Form
2 EL gehackte Petersilie

Die Auberginenscheiben mit 1 EL Salz bestreuen und 10 Minuten ziehen lassen. Dann abwaschen, trocken tupfen und mit dem Speck und dem Olivenöl in einer Schüssel bei 600 Watt zugedeckt 5 Minuten andünsten.

Die Auberginen mit dem Knoblauch vermischen und mit den Zwiebel- und Tomatenscheiben schichtweise in eine mit Butter gefettete Auflaufform geben. Den Weißwein mit dem Tomatenmark und 1 Prise Oregano, Basilikum, Pfeffer und Salz würzen und über das Gemüse gießen. Den Mozzarella darauflegen und das Ganze bei 360 Watt 7 Minuten dünsten. Zum Servieren die Auberginen mit der Petersilie bestreuen.

Gefüllte Zucchini

Für 2 Portionen ♦ 11 Min. ◇ 4 Min.

4 der Länge nach halbierte Zucchini
1 enthäutete Tomate in Würfeln
100 g Schinken in Würfeln
1 Zwiebel in feinen Würfeln
1 Eigelb, 6 EL frische Weißbrotkrumen
2 EL gehackte Petersilie
frisch gemahlenen weißen Pfeffer, Salz

Mit einem Teelöffel die Zucchini-Hälften aushöhlen, würzen und ziehen lassen. Das ausgeschabte Fruchtfleisch kleinhacken und in einer Schüssel mit dem Schinken, der Zwiebel und der Petersilie vermischen. Bei 600 Watt 3 Minuten zugedeckt andünsten. Zwischendurch einmal umrühren.

Tomate, Eigelb und Weißbrotkrumen zugeben, mit Salz und Pfeffer würzen. Die Zucchini-Hälften mit der Masse füllen, in eine flache Schüssel geben und bei 600 Watt 8 Minuten garen, zwischendurch die Schüssel einmal drehen. 4 Minuten stehen lassen und mit Reis servieren.

Gedünsteter Broccoli

Für 2 Portionen ♦ 6 Min. ◇ 2 Min.

250 g Broccoli
1 EL Butter, Salz
frisch geriebene Muskatnuß
2 EL in Butter geröstete Mandelstifte

Den Broccoli mit den Köpfen zur Mitte in eine Schüssel geben. Mit einer Prise Salz und 4 EL Wasser zugedeckt 6 Minuten bei 600 Watt dünsten, dabei die Schüssel einmal drehen. 2 Minuten stehen lassen, abgießen, Butter und Muskat darübergeben und mit den Mandelstiften bestreut servieren.

Rosenkohl "italienisch"

Für 4 Portionen ♦ 42 Min. ◇ 10 Min.

500 g Rosenkohl
0,25 l leicht gesalzenes Wasser
1 EL Olivenöl, 40 g Butter
50 g geriebenen Parmesan

Den Rosenkohl mit dem Salzwasser und dem Öl in der Mikrowelle 20 Minuten bei 600 Watt, dann 18 Minuten bei 360 Watt garen. Zwischendurch einmal umrühren. Aus dem Wasser nehmen und 10 Minuten zugedeckt stehen lassen. Mit Käse bestreuen.

Die Butter bei 600 Watt in einer Minute zerlassen, über den Rosenkohl geben und das Ganze nochmals 2 1/2 Minuten bei 600 Watt in der Mikrowelle heiß werden lassen.

Spinattomaten "Piemont"

Für 4 Portionen ♦ 16 Min. ◇ keine ○

8 Tomaten, 250 g Blattspinat
50 g Schafkäse zerbröselt
50 g rohen Schinken in feinen Würfeln
50 ml Weißwein, 2 EL Butter
1 Zwiebel in feinen Würfeln
1 fein gehackte Knoblauchzehe
2 EL gehackte Petersilie
frisch gemahlenen schwarzen Pfeffer, 1 TL Salz

Von den gewaschenen und abgetrockneten Tomaten einen Deckel abschneiden, mit einem Teelöffel aushöhlen und die Tomaten austropfen lassen. Die Knoblauchzehe mit der Zwiebel, dem Blattspinat, der Butter und dem Weißwein in einer Schüssel bei 600 Watt 10 Minuten dünsten.

Den Schinken zum Spinat geben, umrühren, und das Ganze mit Pfeffer und Salz würzen. Die Petersilie dazugeben und den abgekühlten Spinat in die Tomaten füllen. Die Deckel aufsetzen und den Schafkäse daraufgeben. Bei 360 Watt und 220° C Heißluft die Spinattomaten in 6 Minuten fertigbacken.

Zucchinigemüse

Für 4 Portionen ♦ 11 Min. ◊ keine

500 g Zucchini in 1 cm dicken Scheiben
5 EL Olivenöl
1 EL gehackte Zwiebel
1/2 Knoblauchzehe, Oregano
frisch gemahlenen schwarzen Pfeffer, Salz

Die Zwiebel mit dem Knoblauch und dem Öl in einer Schüssel bei 600 Watt in 1 Minute glasig dünsten. Die Zucchini mit Oregano, Pfeffer und Salz würzen und dazugeben. Gut umrühren und das Ganze bei 600 Watt 10 Minuten garen.

Gemüsetopf

Für 4 Portionen ♦ 16 Min. ◊ keine

200 g Aubergine in Würfeln
200 g Zucchini in dünnen Scheiben
100 g rote Paprikaschote in Streifen
100 g grüne Paprikaschote in Streifen
1 Zwiebel in feinen Würfeln
1 fein gehackte Knoblauchzehe
3 EL Weißwein, 2 EL Olivenöl, 1 EL Weinessig
gehacktes Basilikum, gehacktes Oregano
Zucker, Pfeffer, Salz
0,125 l heißen Tomatensaft
1 EL Tomatenmark, Gemüsewürze

Die Aubergine mit 1 EL Salz bestreuen und 10 Minuten ziehen lassen. Mit kaltem Wasser abspülen und abtropfen lassen. Mit der Zwiebel, den Paprikastreifen, der Zucchini, der Knoblauchzehe, dem Öl, dem Weißwein und dem Weinessig in eine Schüssel geben, würzen und geschlossen 13 Minuten bei 600 Watt garen.

Anschließend das Tomatenmark und den heißen Tomatensaft einrühren, mit Gemüsewürze abschmecken und nochmals 3 Minuten erhitzen.

Gefüllte Auberginen

Für 2 Portionen ♦ 15 Min. ◊ keine ●

1 der Länge nach halbierte Aubergine
250 g gemischtes Hackfleisch
1 kleine Dose geschälte Tomaten
50 g geriebenen Parmesan
Oregano, Basilikum
frisch gemahlenen weißen Pfeffer, Salz

Die Aubergine mit einem Löffel aushöhlen und bei 600 Watt zugedeckt 3 Minuten angaren.

Die abgetropften Tomaten in eine Auflaufform geben. Das Hackfleisch mit Oregano, Pfeffer und Salz würzen und in die mit Basilikum gewürzten Auberginen füllen. Die Auberginen in die Form setzen, mit Parmesan bestreuen und auf dem Rost in der 1. Schiene der Mikrowelle bei 600 Watt und 1. Grillstufe 12 Minuten garen. Mit Tomatensauce servieren. (Abbildung rechts)

Gefüllte Paprikaschoten

Für 2 Portionen ♦ 14 Min. ◊ keine

2 Paprikaschoten
200 g Bratwurstmasse
1 EL mittelscharfen Senf
1 TL geriebenen Meerrettich
1 TL grüne Pfefferkörner
2 EL geriebenen Parmesan
1 EL gehackte Petersilie
Curry, Salz
Rosenpaprika
frisch gemahlenen schwarzen Pfeffer

Von den Paprikaschoten einen Deckel abschneiden, die weißen Scheidewände und die Kerne entfernen und die Schoten waschen. Die Bratwurstmasse in einer Schüssel mit dem Senf, dem Meerrettich, den grünen Pfefferkörnern und dem Parmesan vermischen. Mit Petersilie, Curry, Paprika, Pfeffer und Salz würzen und in die Paprikaschoten füllen. Die Schoten mit Deckeln bei 360 Watt zugedeckt 14 Minuten garen und mit Tomatensauce servieren.

Gefüllte Auberginen, gefüllte Paprikaschoten

Auberginen mit Käse

Für 2 Portionen ♦ 9 Min. ◇ keine

1 der Länge nach in Scheiben geschnittene Aubergine
1 zerquetschte Knoblauchzehe
3 EL Tomatenmark
125 g geriebenen Pecorino

Die Knoblauchzehe mit dem Tomatenmark vermischen. Die Auberginenscheiben mit dem Tomatenmark bestreichen und mit einem Teil des Käses paniert in einer Schüssel mit 4 EL Wasser schräg aneinanderstellen, mit dem restlichen Käse bestreuen und bei 600 Watt 9 Minuten garen.

Gefüllte Kartoffeln

Für 4 Portionen ♦ 20 Min. ◇ 5 Min.

4 Kartoffeln mit Schale
0,15 l Crème fraîche, 6 EL frische Milch
2 EL geriebenen Parmesan
Pfeffer, Salz, Paprika
1 EL gehackten Schnittlauch

Die Kartoffeln rundherum im Abstand von 3 cm einstechen, in einen Teller mit Haushaltspapier legen und 16 1/2 Minuten bei 600 Watt offen garen, nach 8 Minuten anders anordnen. 5 Minuten zugedeckt stehen lassen.

Von jeder Kartoffel oben eine dünne Scheibe abschneiden und die Kartoffeln aushöhlen. Die ausgeschabte Masse mit der Crème fraîche, Milch, Käse, Pfeffer, Salz und Schnittlauch vermischen und wieder in die Kartoffeln füllen. Mit Paprika bestreuen. Wieder auf einem Teller mit Haushaltspapier 3 1/2 Minuten bei 600 Watt garen. Zwischendurch den Teller einmal um 180° drehen.

Italienische Tomatensauce

Für 4 Portionen ♦ 36 Min. ◇ keine

250 g Tomaten in feinen Würfeln
1 Stange Staudensellerie in dünnen Scheiben
1 zerstoßene Knoblauchzehe
1/2 gehackte Zwiebel
1/4 grüne gehackte Paprikaschote
2 EL Tomatenmark
2 EL Rotwein oder Gemüsebrühe
1 EL Mehl, 1 EL Olivenöl
1/2 TL getrocknetes Basilikum
1/2 TL getrockneten Oregano
1/2 TL getrockneten Majoran
Pfeffer, Salz

Sellerie, Knoblauch, Zwiebel, Paprika und Öl in einer Schüssel vermischen und bei 600 Watt zugedeckt 9 Minuten erhitzen. Zwischendurch einmal umrühren.

Das Mehl und alle restlichen Zutaten einrühren und wieder 7 Minuten kochen, dann bei 360 Watt noch 20 Minuten offen weiterkochen lassen. Zwischendurch zwei- bis dreimal umrühren.

Überbackener Spargel

Für 2 Portionen ♦ 38 Min. ◇ keine ↔

1 kg Spargel
0,125 l Wasser, 0,125 l Milch
0,125 l Weißwein (trocken)
1 EL Estragonessig
1 TL Zucker, 50 g Butter, 2 Eigelb
1 Zwiebel in feinen Würfeln
30 g Mehl
75 g geriebenen Emmentaler
frisch geriebene Muskatnuß
frisch gemahlenen weißen Pfeffer, Salz

Den Spargel schälen und waschen. Das Wasser mit dem Essig, dem Zucker, der Butter und dem Salz in einer länglichen Form gründlich vermischen. Den Spargel hineinlegen, zudecken und bei 600 Watt 10 Minuten garen. Den Spargel wenden und anders anordnen. Weitere 7 Minuten zugedeckt bei 360 Watt garen. Aus dem Gerät nehmen und zugedeckt stehen lassen.

Die Zwiebel mit der restlichen Butter in einer Schüssel bei 600 Watt 3 Minuten dünsten.

Das Mehl hinzufügen und gründlich untermischen. Unter ständigem Rühren den Wein und die Milch dazugießen. Mit Muskat, Pfeffer und Salz nach Geschmack würzen. Bei 600 Watt die Sauce in 3 Minuten eindicken. Die Eigelb und dann den Käse unterrühren.

Den Spargel aus dem Sud nehmen, in eine längliche Auflaufform legen und die Sauce darübergießen. Auf einen Rost in die mittlere Schiene der Mikrowelle schieben und bei 360 Watt und 200° C Ober- und Unterhitze 15 Minuten überbacken.

Broccoli mit Käse überbacken

Für 4 Portionen ♦ 15 Min. ◊ keine

400 g Broccoli in Röschen
50 g Parmaschinken in Streifen
50 g Mozzarella in Scheiben
2 enthäutete Tomaten in feinen Würfeln ohne Kerne
3 Frühlingszwiebeln in feinen Würfeln
1 fein gehackte Knoblauchzehe
1 EL Butter, 2 EL Weißwein (trocken)
Oregano, Basilikum
frisch gemahlenen weißen Pfeffer, Salz
2 EL gehackte Petersilie

Den Broccoli, die Zwiebeln und die Knoblauchzehe mit der Butter und dem Wein in einer Schüssel bei 600 Watt zugedeckt 10 Minuten dünsten.

Die Tomaten, den Schinken, das Basilikum, den Oregano, Pfeffer und Salz dazugeben, umrühren und den Mozzarella auf das Gemüse legen. Bei 360 Watt in 5 Minuten fertiggaren. Zum Servieren mit der Petersilie bestreuen.

Blumenkohl mit Käsesauce

Für 4 Portionen ♦ 27 Min. ◊ 3 Min.

500 g Blumenkohl in Röschen
100 g Champignons in Scheiben
25 g geriebenen Stracchino
15 g Mehl, 3 EL Margarine, 0,125 l Milch
75 ml saure Sahne
50 g frische Weißbrotbrösel
1/4 TL Senf, Salz, Pfeffer

Die Blumenkohlröschen mit 75 ml Wasser und 1/4 TL Salz in einer Schüssel 16 Minuten bei 600 Watt garen. Zwischendurch einmal umrühren. Anschließend 3 Minuten zugedeckt stehen lassen.

Die Champignons in 1 EL Margarine 2 Minuten bei 600 Watt andünsten.

Mehl und Gewürze über die Pilze streuen und gründlich verrühren, dann nach und nach die Milch einrühren. 3 Minuten bei 600 Watt eindicken.

Den geriebenen Käse unterrühren, bei 600 Watt in 20 Sekunden schmelzen lassen und mit der sauren Sahne vermischen.

Die Brotbrösel mit 2 EL Margarine 5 Minuten zugedeckt erhitzen, bis sie braun werden. Dabei einmal umrühren. Blumenkohl abgießen, die Sauce darübergeben und mit den Brotbröseln bestreut servieren.

Zucchini-Kartoffel-Auflauf

Für 4 Portionen ♦ 17 Min. ◊ keine ●

250 g Zucchini in feinen Scheiben
250 g Kartoffeln in Scheiben
250 g gemischtes Hackfleisch
50 g geriebenen Fontina
6 EL Sahne, 0,125 l Rotwein (trocken)
1 TL Tomatenmark, 1 Zwiebel in Würfeln
1 gehackte Knoblauchzehe, Oregano
frisch gemahlenen weißen Pfeffer, Salz
Butter für die Form

Die Kartoffeln in eine mit Butter gefettete Auflaufform legen und bei 600 Watt 5 Minuten vorgaren.

Den Rotwein mit dem Tomatenmark, der Zwiebel, der Knoblauchzehe, dem Oregano, Pfeffer und Salz verrühren und mit dem Fleisch gut vermischen. Aus der Masse kleine Kugeln formen und diese auf den Kartoffeln verteilen. Die Zucchinischeiben darauflegen, mit Sahne übergießen, mit Käse bestreuen und bei 600 Watt und 3. Grillstufe auf dem Rost in der 1. Schiene 12 Minuten überbacken.

Zucchini-Schiffchen

Für 2 Portionen ♦ 12 Min. ◊ keine ●

2 der Länge nach halbierte und entkernte Zucchini
100 g gekochten Schinken in Würfeln
125 g Doppelrahm-Frischkäse
50 g geriebenen Fontina
1 Zwiebel in Würfeln, 1 Tomate in Würfeln
frisch gemahlenen schwarzen Pfeffer, Salz
Butter für die Form

Die Zucchini mit einem Löffel aushöhlen, pfeffern und salzen. Die Zwiebel, Tomate und den Schinken mit dem Frischkäse gut verrühren und in die Zucchini füllen. Die Schiffchen in eine mit Butter gefettete Auflaufform geben, mit dem Fontina bestreuen und auf dem Rost in der 2. Schiene der Mikrowelle bei 600 Watt und 3. Grillstufe 12 Minuten garen.

Champignongratin

Gedünsteter Fenchel

Für 4 Portionen ♦ 12 Min. ◊ keine

500 g Fenchelknollen
0,25 l Fleischbrühe
1/2 Tasse leicht geschlagene süße Sahne

Die Fenchelknollen waschen, die grünen Blättchen oberhalb der Knollen entfernen und fein hacken. Die harten Stengel der Fenchelknollen entfernen und die Knollen in 0,5 cm dicke Scheiben schneiden.

Die Fenchelscheiben in einer Schüssel mit der Brühe bei 600 Watt zugedeckt 10 bis 12 Minuten garen. Zum Servieren das Gemüse mit der Sahne übergießen und mit den fein gehackten Blättchen bestreuen.

Champignongratin

Für 4 Portionen ♦ 14 Min. ◊ keine ●

400 g weiße Champignons
400 g braune Champignons
0,2 l Sahne, 2 Eier
1 TL Speisestärke
2 EL geriebenen Emmentaler
2 EL geriebenen Parmesan
frisch gemahlenen weißen Pfeffer, Salz
Butter für die Form

Die gewaschenen und geputzten Champignons mit dem Eierschneider in Scheiben schneiden, in eine mit Butter gefettete Gratinform geben und gut mit Pfeffer würzen. Die Sahne mit den Eiern, der Speisestärke, dem Käse und 1/2 TL Salz verquirlen und über die Champignons gießen. Das Ganze bei 600 Watt und 200°C Umluftgrill 14 Minuten backen. (Abbildung links)

Pizzas und pikante Kuchen

Pizzateig I

Für 2 Portionen ♦ 25 Min. ◊ keine ↔

400 g Mehl, 65 ml Milch
2 cl Kräuterbitter
70 g weiche Butter, 2 Eier
1 TL Backpulver, Salz
1 TL Schale einer ungespritzten Zitrone, abgerieben
Butter für das Blech

In einer Schüssel die Eier mit der Butter verschlagen und mit der Zitronenschale verrühren.

Das Mehl mit dem Backpulver in eine Schüssel sieben, die Eier dazugeben und mit der Milch, dem Kräuterbitter und 1 Prise Salz zu einem Teig verarbeiten. Den Teig für 60 Minuten kalt stellen.

Den Teig gut durchkneten, halbieren und beide Teighälften auf einer bemehlten Arbeitsfläche ausrollen, auf zwei mit Butter gefettete Pizzaformen legen und einen 1 cm hohen Rand formen. Mit einer Gabel die Böden mehrmals einstechen, den Belag auftragen und einzeln je nach Art des Belags bei 90 Watt und 220° C Ober- und Unterhitze 20 bis 25 Minuten backen.

Pizzateig II

Für 1 Portion ♦ 25 Min. ◊ keine ↔

200 g Mehl, 4 EL Milch
2 TL Trockenhefe
25 g Butter, 1 verschlagenes Ei
Zucker, Salz
Butter für die Form

Die Milch in einer Schüssel bei 600 Watt 1/2 Minute erwärmen, mit der zerbröckelten Hefe und 1 Prise Zucker verrühren und zugedeckt an einem warmen Ort 30 Minuten gehen lassen.

Die Butter in einer Schüssel bei 600 Watt 1 Minute erwärmen, die Hefemischung, das Ei, das Mehl und 1/2 TL Salz dazugeben und zu einem Teig kneten. Nochmals etwa 30 Minuten zugedeckt gehen lassen.

Den Teig nochmals kneten, auf einer bemehlten Arbeitsfläche ausrollen, auf eine mit Butter gefettete große Pizzaform legen und einen 1 cm hohen Rand formen. Mit einer Gabel den Boden mehrmals einstechen, den Belag auftragen und je nach Art des Belags bei 90 Watt und 220° C Ober- und Unterhitze 20 bis 25 Minuten backen.

Pizzateig III

Für 2 Portionen ♦ 25 Min. ◊ keine ↔
400 g Mehl
0,25 l lauwarmes Wasser
30 g Hefe, 1 EL Zucker
2 EL Olivenöl, 1 1/4 TL Salz
Butter für die Form

Das Mehl in eine Schüssel sieben und in eine hineingedrückte Mulde die zerbröckelte Hefe geben und mit dem Zucker bestreuen. Das Wasser dazugeben und den Tag zugedeckt 30 Minuten an einen warmen Ort gehen lassen.

Salz und Öl zugeben, alles zu einem Teig verkneten und zu einer Kugel geformt nochmals 30 Minuten gehen lassen.

Den Teig gut durchkneten, halbieren und beide Teighälften auf einer bemehlten Arbeitsfläche ausrollen, auf zwei mit Butter gefettete Pizzaformen legen und einen 1 cm hohen Rand formen. Mit einer Gabel die Böden mehrmals einstechen, den Belag auftragen und einzeln je nach Art des Belags bei 90 Watt und 220° C Ober- und Unterhitze 20 bis 25 Minuten backen.

Pizza "Vier Jahreszeiten"

Für 2 Portionen ♦ 25 Min. ◊ keine ↔
1 Pizzateig II
250 g enthäutete gehackte Tomaten
75 g geriebenen Fontina
75 g Champignons in Scheiben
75 g grüne Paprikaschote in dünnen Streifen
4 schwarze Oliven
3 Artischockenherzen
1 fein gehackte Zwiebel, Basilikum
2 EL Olivenöl
4 EL geriebenen Parmesan

Den geriebenen Fontina auf dem Pizzateig verteilen, die mit der Zwiebel, 1 Prise Basilikum und 1 EL Öl vermischten Tomaten darübergeben und ein Viertel des Bodens mit den Oliven belegen. Das zweite Viertel mit den Artischockenherzen belegen, das dritte mit den Champignons und das vierte mit den Paprikastreifen. Die Pizza mit dem restlichen Öl beträufeln und den geriebenen Parmesan darauf verteilen. Bei 90 Watt und 220° C Ober- und Unterhitze 20 bis 25 Minuten backen.

Pizza Napoli

Für 2 Portionen ♦ 25 Min. ◊ keine ↔
1 Pizzateig II
1 EL Tomatenmark
75 g Mozzarella in Scheiben
25 g gekochten Schinken in Streifen
25 g Salami in Streifen
8 Sardellenfilets
2 Tomaten in Scheiben
schwarze und grüne Oliven
gehackten Oregano, gehacktes Basilikum
frisch gemahlenen weißen Pfeffer, Salz

Den Pizzaboden mit Tomatenmark bestreichen und mit den Tomatenscheiben belegen. Den Schinken und die Salami auf die Tomaten legen und die Oliven und die mit kaltem Wasser abgespülten Sardellenfilets gleichmäßig auf der Pizza verteilen. Oregano und Basilikum darüberstreuen, pfeffern und salzen und mit dem Mozzarella belegen. Bei 90 Watt und 220° C Ober- und Unterhitze 20 bis 25 Minuten backen.

Pizza mit Gemüse

Für 2 Portionen ♦ 25 Min. ◇ keine ↔
1 Pizzateig III
2 EL Tomatenmark
200 g Mozzarella in Scheiben
150 g Broccoli in Röschen
150 g Möhren in feinen Würfeln
75 g gekochten Schinken in Würfeln
75 g Mailänder Salami in Würfeln
75 g Crevetten
2 enthäutete Tomaten in Würfeln ohne Kerne
1 fein gehackte Zwiebel, Zitronensaft
1/2 Glas Weißwein, 2 EL Olivenöl
1 TL Oregano, 1 TL Basilikum
frisch gemahlenen schwarzen Pfeffer, Salz

Die beiden Pizzaböden mit Tomatenmark bestreichen. Die Zwiebel mit dem Olivenöl vermischen, den Broccoli, die Möhren, den Weißwein dazugeben und mit Oregano und Basilikum würzen. Die Tomaten, den Schinken und die Salami dazugeben. Die Crevetten mit Zitronensaft beträufeln und unter die Masse mischen, mit Pfeffer und Salz würzen, gut umrühren und die Masse auf den Pizzaböden verteilen. Mit den Mozzarellascheiben belegen und bei 90 Watt und 220° C Ober- und Unterhitze 20 bis 25 Minuten backen. (Abbildung rechts)

Gorgonzola-Quiche

Für 4 Portionen ♦ 35 Min. ◇ 5 Min. ○
200 g Gorgonzola
350 g Champignons in Scheiben
200 g Weizenmehl
100 g Margarine in Flocken
50 g gemahlene Haselnüsse
1 Ei, 2 Eigelb
3 EL Wasser
2 cl Cognac, 0,15 l süße Sahne
2 EL gehackte Petersilie, 1/2 TL Salz
frisch gemahlenen weißen Pfeffer
Butter für die Form

Mehl, Salz, Ei und Wasser in einer Schüssel mit den Margarineflocken verkneten.

Pizza mit Gemüse

Den glatten Teig für 20 Minuten kühl stellen. Dann auf einer bemehlten Arbeitsfläche ausrollen, in eine mit Butter eingefettete Pizzaform geben und einen 2 cm hohen Rand ziehen. Den Boden mit einer Gabel mehrmals einstechen. Die Champignons auf dem Teig verteilen, mit gehackter Petersilie bestreuen und pfeffern. Den Gorgonzola mit den Eigelb, dem Cognac, der Sahne und den Haselnüssen verrühren und über die Champignons geben. Bei 90 Watt und zusätzlich 180° C Heißluft in 35 Minuten backen. Noch 5 Minuten im Gerät stehen lassen.

Pizza marinara

Für 2 Portionen ♦ 25 Min. ◇ keine ↔

1 Pizzateig II
400 g abgetropfte geschälte Tomaten (Dose), gehackt
150 g abgetropften Thunfisch (Dose) in kleinen Stücken
50 g tiefgekühlte geschälte Garnelen
80 g abgetropfte Muscheln (Dose)
50 g geriebenen Fontina
2 TL fein gehackte Kapern
2 TL gehackte Kräuter
1 fein gehackte Zwiebel
1 EL Tomatenmark, 1 EL Mehl
frisch gemahlenen weißen Pfeffer, Salz

Die Tomaten in einer Schüssel mit der Zwiebel, dem Tomatenmark, Mehl und Kräutern vermischen, mit Pfeffer und Salz abschmecken und auf dem Pizzateig verteilen. Den Thunfisch, die Garnelen, die Muscheln und die Kapern darübergeben und die Pizza mit dem Fontina bestreut bei 90 Watt und 220° C Ober- und Unterhitze 20 bis 25 Minuten backen.

Ricottaquiche

Für 6 Portionen ♦ 23 Min. ◇ 5 Min.

300 g tiefgekühlten Mangold
200 g Ricotta, 1 gehackte Zwiebel
2 TL Mehl, 2 Eier
1/4 TL Paprika edelsüß, 1/4 TL Muskat
1/4 TL frisch gemahlenen weißen Pfeffer, Salz
Butter für die Form

Den gefrorenen Mangold in einer Schüssel bei 600 Watt zugedeckt in 7 Minuten auftauen und garen.

Die Zwiebel in einer Schüssel bei 600 Watt 3 Minuten andünsten, den Ricotta hinzufügen und bei 360 Watt in 3 Minuten schmelzen und mit der Zwiebel verrühren.

Die Eier mit dem Muskat, dem Pfeffer, 1 Prise Salz und dem Mehl verquirlen, mit der Käsemasse und dem Mangold verrühren, in eine mit Butter gefettete Form füllen, mit dem Paprika bestreuen und bei 600 Watt 5 Minuten garen. Zwischendurch die Form einmal um 180° drehen. Bei 360 Watt weitere 5 Minuten garen. 5 Minuten stehen lassen und servieren.

Blätterteigpizza

Für 2 Portionen ♦ 45 Min. ◇ keine ●

1 Packung tiefgefrorenen Blätterteig
250 g Tomaten in Scheiben
100 g Fontina in Scheiben
1 kleine Dose Sardellenfilets
1 kleine Dose Thunfisch
3 Oliven, 2 EL Kapern
Oregano, Pfeffer, Salz
Butter für die Form

Den Blätterteig auftauen lassen, die Scheiben übereinanderlegen und auf einer bemehlten Arbeitsfläche ausrollen, auf eine mit Butter gefettete große Pizzaform legen und einen 1 cm hohen Rand formen. Mit einer Gabel den Boden mehrmals einstechen und alle Zutaten gleichmäßig darauf verteilen. Mit Oregano, Pfeffer und Salz würzen und bei 170° C Umluftgrill in der 2. Schiene der Mikrowelle 45 Minuten backen.

Desserts

Erdbeeren mit grünem Pfeffer

Für 4 Portionen ♦ 5 Min. ◇ keine

600 g Erdbeeren
4 Portionen Vanilleeis
2 EL grüne Pfefferkörner
0,125 l Weißwein (trocken), 6 cl Amaretto
1/2 Becher Sahne, 4 EL Butter
4 EL Zucker, 1 Päckchen Vanillinzucker
2 EL Pistazien

Den Zucker in einer Schüssel mit der Butter bei 600 Watt 3 Minuten karamelisieren. Den Weißwein zugeben und so lange rühren, bis sich der Zucker auflöst.

Die Pfefferkörner dazugeben und weitere 2 Minuten kochen. Die gewaschenen und trockengetupften Erdbeeren mit dem Amaretto darunter mischen. Das Vanilleeis anrichten, die Erdbeeren und die mit dem Vanillinzucker steifgeschlagene Sahne darübergeben und mit Pistazien verzieren.

Palatschinken mit Aprikosen

Für 4 Portionen ♦ 4 Min. ◇ keine

100 g Weizenmehl
0,25 l Milch, 5 EL Mineralwasser
3 EL Zucker, 3 Eier, Salz
Distelöl
Für die Füllung:
4 Aprikosen in Würfeln
1 EL Butter
4 EL Aprikosenmarmelade
80 g gehackte Walnüsse

Das Mehl in eine Schüssel sieben, mit der Milch, dem Mineralwasser, dem Zucker, den Eiern und 1 Prise Salz verquirlen, dann jeweils 1 Schöpfkelle voll in eine Pfanne mit heißem Distelöl geben und bei mittlerer Hitze auf dem normalen Herd backen. Die fertigen Pfannkuchen auf Teller mit Haushaltspapier legen.

Die Aprikosen mit der Butter bei 600 Watt zugedeckt 2 Minuten angaren. Die Aprikosenmarmelade und die Walnüsse unterziehen.

Die Palatschinken mit der Aprikosenmasse bestreichen, zusammenrollen, in eine Form geben und bei 600 Watt 2 Minuten erwärmen.

Milchreis

Für 4 Portionen ♦ 22 Min. ◇ 10 Min.
100 g Rundkornreis
0,5 l kalte Milch
1 Messerspitze Salz
25 g Zucker

Alle Zutaten in einer zugedeckten Schüssel bei 600 Watt in 7 Minuten zum Kochen bringen und bei 180 Watt 15 Minuten garen. 10 Minuten stehen lassen. Den Milchreis mit Früchten servieren. (Abbildung rechts)

Germknödel mit Vanillesauce

Für 4 Portionen ♦ 19 Min. ◇ keine ●
275 g Mehl, 0,275 l Milch
50 g Pflaumenmus
30 g Hefe, 1 Ei
Schale von 1/2 ungespritzten Zitrone abgerieben
Butter, Zucker, Salz
Für die Sauce:
0,25 l süße Sahne, 0,25 l Milch
1/2 Vanilleschote, 2 EL Speisestärke
1 Eigelb, 40 g Zucker

Das Mehl mit 50 g Zucker, 1 Prise Salz, 75 g Butterflocken, dem Ei, 0,15 l Milch und der Zitronenschale in eine Schüssel geben, die zerbröckelte Hefe darübergeben und mit den Knethaken des Handrührers zu einem geschmeidigen Teig verarbeiten. Die Schüssel zugedeckt für 30 Minuten an einen warmen Ort stellen.

Aus dem Teig eine Rolle formen und diese in 8 gleiche Teile schneiden. Auf jedes Teigstück 1 TL Pflaumenmus geben, den Teig darüberklappen und zu einem Knödel rollen. Die Knödel in einer mit Butter gefetteten Auflaufform weitere 20 Minuten gehen lassen.

0,125 l Milch, 1 EL Zucker und 20 g Butter in einer Schüssel bei 90 Watt 2 Minuten erwärmen, gut verrühren und über die Knödel geben. Mit 1 EL Zucker bestreuen und bei 600 Watt und 210° C Umluftgrill in 11 Minuten garen.

Für die Vanillesauce das Mark aus der Vanilleschote schaben, mit der Milch, der Sahne, dem Zucker und der Speisestärke in einer Schüssel gut verrühren und bei 600 Watt 6 Minuten kochen. Zwischendurch mehrmals umrühren. Etwas abkühlen lassen und das Eigelb unterziehen.

Erdbeerreis

Für 4 Portionen
Milchreis (s.Rezept)
250 g Erdbeeren
Zucker nach Bedarf
2 cl Orangenlikör
0,125 l steif geschlagene Sahne

Die Erdbeeren bis auf einige, die für die Verzierung benötigt werden, pürieren und zusammen mit dem Zucker und dem Orangenlikör unter den Milchreis mischen. Die Sahne unterheben, mit Erdbeeren verzieren und servieren.

Orangenreis

Für 4 Portionen
Milchreis (s. Rezept), aber beim Kochen
die Schale 1 ungespritzten Orange zugeben
Saft von 1/2 Orange
0,125 l steif geschlagene Sahne
Orangenspalten

Den Orangensaft mit dem kalten Milchreis verquirlen, die Sahne unterheben und kalt stellen. Mit Orangenspalten verzieren und servieren.

Milchreis

Blaubeergrütze mit Mandeln

Für 4 Portionen ♦ 6 Min. ◇ keine
200 g Blaubeeren
50 g gehobelte Mandeln
0,125 l Orangensaft, 2 cl Orangenlikör
0,125 l Rotwein, 6 Blatt rote Gelatine
1 Päckchen Vanillinzucker, Zucker
geschlagene Sahne

Die gewaschenen Blaubeeren in einer Schüssel mit dem Orangensaft, dem Rotwein, dem Orangenlikör, dem Vanillinzukker, den Mandelblättchen und Zucker nach Geschmack verrühren und bei 600 Watt 6 Minuten erhitzen.

Die in etwas kaltem Wasser eingeweichte Gelatine abtropfen lassen, ausdrücken und mit dem Schneebesen unter die Grütze rühren. Die fertige Grütze in Gläser geben und kalt stellen. Zum Servieren mit geschlagener Sahne verzieren.

Apfel-Wein-Dessert

Für 4 Portionen ♦ 5 Min. ◇ 5 Min.
4 große Äpfel
0,25 l Weißwein (trocken)
4 TL Konfitüre
4 TL geriebene Mandeln, gestiftelte Mandeln
1 Stückchen Zimtstange
geschlagene Sahne

Das Kerngehäuse aus den gewaschenen Äpfeln entfernen, die Äpfel mit 1/2 TL Konfitüre, 1 TL geriebenen Mandeln, wieder 1/2 TL Konfitüre und einigen gestiftelten Mandeln füllen. Die Äpfel mit der Zimtstange und dem Wein in eine Form geben und bei 600 Watt zugedeckt 5 Minuten garen. Die Zimtstange entfernen und die Äpfel 5 Minuten zugedeckt stehen lassen. Mit Sahnehäubchen servieren.

Weinschaum mit Kaffee

Für 4 Portionen
0,125 l Marsala
2 EL Kaffeepulver Instant
4 Portionen Vanilleeis
4 Eigelb, 4 EL Puderzucker
2 EL Schokostreusel, Kakao

Den Marsala mit den Eigelb, dem Puderzucker und dem Kaffeepulver gut verrühren und im Wasserbad auf dem normalen Herd mit einem Schneebesen zu einem cremigen Schaum schlagen. Den Schaum über das angerichtete Vanilleeis geben und zum Servieren mit etwas Kakao und den Schokostreuseln garnieren.

Bananen Roma

Für 2 Portionen ♦ 8 Min. ◇ keine
2 Bananen
2 Scheiben gekochten Schinken
50 g Emmentaler in Streifen
10 g Butter

Ein Bräunungsgeschirr bei 600 Watt 4 Minuten vorheizen. Die geschälten Bananen mit der Butter hineingeben und ohne Mikrowelle von allen Seiten anbraten.

Die Bananen mit den Schinkenscheiben umwickeln, mit den Käsestreifen belegen und bei 180 Watt 4 Minuten garen, daß der Käse schmilzt.

Register

Bildnachweis:
Gesellschaft für Europäische
Kommunikation S. 11, 52
Maggi Kochstudio S. 18
Gert Poggenpohl Titelbild